uiopasdfghjklzxcvbnm
wertyuiopasdfghjklzxcv
nmqwertyuiopasdfghjkl
xcvbnmqwertyuiopasdf
hjklzxcvbnmqwertyuiop
sdfghjklzxcvbnmrtyuiop
sdfghjklzxcvbnmqwerty
iopasdfghjklzxcvbnmqw
rtyuiopasdfghjklzxcvbn
nqwertyuiopasdfghjklzx
vbnmqwertyuiopasdfghj
lzxcvbnmqwertyuiopas
fghjklzxcvbnmqwertyui

Pratique De La Théurgie

**Un Manuel Pratique De Méthodes Kabbalistiques
Pour Maintenir Le Flux Vertical
De La Lumière Divine**

Volume I

Neurland Trocher & Reginald Jeudy

La voie vers la Connaissance, le Pouvoir et la Libération de Soi

A∴ L∴ G∴ D∴

יהוה

G∴ A∴ D∴ L'U∴

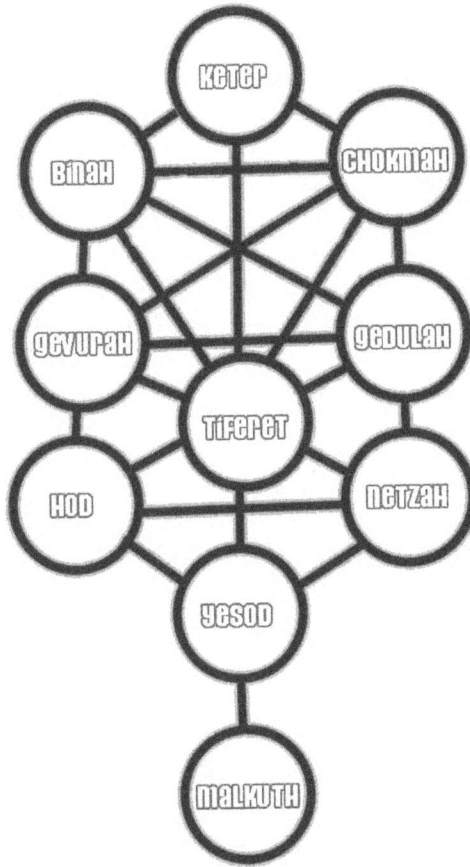

Les Dix Sephirot

Sefirot	Noms Divins	Archanges & Archidemons	Chœurs Angéliques	Anges
Keter	Eheieh	Metraton Serpanim	Hajoth Ha-Kadosh	
Chokmah	Yah	Ratziel	Ophanim	
Binah-saturne	El Elohim	Tzaphkiel Belzebuth	Aralim	Caphriel
Guedoullah-Jupiter	El Elion	Tzadkiel Behemoth	Hasmalim	Sachiel
Guebourah-Mars	Elohim Gibor	Kamaël Moloch	Séraphim	Samaël
Tiphereth-Soleil	Adonaï Eloah Va Daath	Raphaël Lucifer	Malachim	Michaël
Netzah-Venus	Adonaï Tzebaoth	Haniel Asmodee	Elohim	Anaël
Hod-Mercure	Elohim Tzebaoth	Mikaël Samaël	Beni Elohim	Raphaël
Yesod- Lune	Schadaï El-chaï	Gabriel Lilith	Chérubim	Gabriel
Malkouth-Terre	Adonaï Ha - Aretz	Sandalphon Satan	Ischim	Israël

Lettre	Hébreu		Valeurs exotériques	Valeurs ésotériques
Aleph	א	a	1	3
Beth	ב	b	2	4
Guimel	ג	c	3	5
Dalet	ד	d	4	6
Hé	ה	e	5	8
Vav	ו	f,u,v,w	6	9
Zayin	ז	g, z	7	10
Chet	ח	kh	8	12
Tet	ט	t	9	15
Yod	י	i, j, y	10	18
Kaf	כ ך	K	20, 500	20
Lamed	ל	l	30	24
Mem	מ ם	m	40, 600	30
Nun	נ ן	n	50, 700	36
Samekh	ס	x	60	40
Ayin	ע	o	70	45
Peh	פ ף	p	80, 800	60
Tzadi	צ ץ	ts	90, 900	72
Kof	ק	q	100	90
Resh	ר	r	200	120
Shin	ש	sh, or s	300	180
Tav	ת	t	400	360

Reginald Jeudy

Neurland Trocher

Vénérable Maître, Melchisédech no. 52
L'Ordre Maçonnique

Evêque de Thyatire, Notre Dame de Czestochowa
Eglise Gnostique Catholique Apostolique

Le Schéma Hamphorasch

Toute la science est dans un mot, et toute la force dans un nom. L'intelligence de ce nom c'est la science de Salomon et la lumière d'Abraham. Personne ne connaît Dieu dans son essence si ce n'est lui-même.

Mais la science absolue est dans la connaissance des noms divins qui se forment tous d'un seul nom. Cette science est ce qu'on appelle le Schéma Hamphorasch ou le nom expliqué.

Le Schéma ou nom incommunicable est formé de quatre lettres. Toute la puissance est dans une seule, Yod. Son reflet est dans une autre, Hé. Il s'explique par la troisième, Vau. Il se féconde par la quatrième, Hé.

On le forme avec vingt-quatre points qui sont les vingt-quatre vieillards allégoriques de Saint-Jean. Chaque point a trois rayons. Il y a donc, soixante et douze rayons. On en forme soixante et douze noms divins qui s'écrivent deux sur trente-six talismans.

Clefs Majeures Et Clavicules De Salomon, Eliphas Lévi

Le doute détruit tous les pouvoirs occultes, et les pratiques ésotériques échouent complètement dû à un manque de foi. La Foi est le pouvoir magique le plus terrifiant qui existe dans l'Univers.
Samael Aun Weor

L'effort est un attribut qui prend plaisir à la vertu. Pour ceux qui pratiquent l'effort, aucun but n'est inaccessible. Toutes les réalisations spirituelles et matérielles dépendent sur l'effort. Par conséquent, il est dit que toutes les bonnes qualités sont les résultats de l'effort.
Geshe Gelsang Gyatso.

Les conséquences de la mentalité d'accroissement, c'est-à-dire, la conviction que les qualités intellectuelles peuvent être développées, crée en nous une passion pour apprendre, une appréciation pour le défi et l'importance de l'effort.
Carol S. Dweck, Ph. D.

Table Des Matières

Introduction

Pour commencer, permettez-moi de dire dès le début que mon intention n'est pas de présenter une approche systématique à l'étude de la Kabbale, mais plutôt de simplement donner un résumé des différents concepts kabbalistiques, et aussi, de donner certaines indications ou allusions aux occultistes et mystiques.

L'homme est un triple être. Il est composé de l'esprit ou de l'étincelle divine, qui est incréé, et qui est une forme personnalisée de l'Inconnaissable ou de l'aspect Transcendantal de Dieu. Notre esprit n'a pas été créé dans le monde du temps et de l'espace, par conséquent, notre esprit existera toujours. Il survivra après la mort puisqu'il ne fait pas partie du monde matériel. En fait, notre esprit n'a pas été créé, parce qu'il a été toujours existé. Mais, l'homme est également composé du corps physique et de l'âme, qui ont été générés par le Créateur ou l'aspect Immanent de Dieu. N'oublier pas, que le Créateur n'est pas l'Inconnaissable.

L'objectif de l'Initié varie en fonction de la voie spirituelle. Il y a deux voies: l'une d'elles vise à transformer le corps physique et l'âme, de sorte qu'en fin de compte, ils peuvent être unis avec le Créateur. Ainsi, cette voie vise la perfection. En revanche, l'autre voie cherche à libérer l'étincelle divine ou l'esprit de ce monde, qu'elle considère comme une prison.

Ces quelques initiés, qui cherchent à libérer les étincelles divines ou l'esprit, ne cherchent pas à rectifier ce monde. Car, c'est leur conviction que ce monde est imparfait, sombre et douloureux. En outre, ce monde est regardé comme une prison utilisée par le Créateur pour piéger les étincelles divines contre leur volonté. Ainsi, leur approche est de libérer tous les esprits ou étincelles divines, de manière à entraîner la destruction de cet univers. C'est le point de vue Gnostique, que sans ces étincelles divines l'univers ne peut pas évoluer, et qu'il dissoudra naturellement dans son état primordial.

Le but de cet ouvrage est uniquement de fournir un guide sûr au nouvel initié. Cependant, le néophyte doit comprendre pour qu'un véritable développent spirituel aura lieu, il faut que le drame qu'il a éprouvé pendant son initiation doive devenir une partie intégrante de lui. Quand il réalise au sein de lui-même, ce que les symboles actuellement représentent, alors chaque aspect de son être sera transformé. Progressivement, son système de croyance ou son point de vue sera radicalement changé, ainsi que ses principes moraux et son comportement. De même, les attributs de sa nature inférieure ou animale, tels que l'égoïsme, la luxure, la colère, la fierté et ainsi que d'autres, seront transformés naturellement.

Ce texte est aussi recommandé comme un cours de préparation. Et, il est écrit avec l'intention de préparer les nouveaux initiés pour mieux étudier et déchiffrer les œuvres les plus avancés de tous les grands maîtres ésotériques. Bien que ce soit un manuel d'introduction, néanmoins, ce livre est écrit spécialement pour les lecteurs et les chercheurs sérieux.

La Franc-maçonnerie, le Martinisme, la Rose-Croix et l'Eglise Gnostique Catholique Apostolique sont une application et une adaptation de la Kabbale Pratique. Donc, comme la kabbale Pratique, leur but ultime est d'assister leurs adhérents à atteindre les régions supérieures du monde invisible pour s'associer avec les Hiérarchies Spirituelles, et aussi pour encourager un flux intense de Lumière Divine vers Malkouth. Le Sefirah Malkouth représente l'univers physique et ainsi que notre propre corps physique individuel.

Les ordres initiatiques s'efforcent pour la moralité, le perfectionnement de l'humanité, et l'union avec le Créateur. Ainsi, leurs enseignements visent à transformer progressivement et perfectionner l'individu et la société. Dans ce texte, l'accent sera mis uniquement sur les différentes méthodes qui sont capable de provoquer le résultat souhaité, qui est la perfection. Quatre-vingt-dix-neuf pour cent de toutes les traditions spirituelles suivent la première voie, et elles ont toutes le même objectif, c'est-à-dire, la perfection et l'union avec le Créateur. La plupart des mystiques et occultistes ne seront pas en mesure de comprendre les déclarations mentionnées ci-dessus.

Les ordres initiatiques donnent une explication du Symbolisme, et ils étudient aussi les allégories religieuses de différentes époques, et admet l'Œuvre Initiatique le plus avancé. Ces organisations sont à la fois, des institutions initiatiques et philanthropique. À ce titre, leurs approches, s'ils sont correctement compris et appliqués, permettront à leurs adhérents de se transformer, aussi bien que la société, d'une manière très radicale, pragmatique et évolutive.

La Divinité ou le Principe Créateur, connu dans la Franc-maçonnerie et le Martinisme sous le nom du Grand Architecte de l'Univers a crée l'univers. Mais, une fois que Son travail avait terminé, il utilise des forces ou entités cosmiques principalement pour continuer le processus de la création et maintenir aussi l'existence de l'univers. Cette multiplicité d'entités spirituelles est unifiée à travers un système d'interdépendance. Ces puissances spirituelles sont Ses agents et elles fonctionnent d'après certaines lois cosmiques. En d'autres termes, elles n'ont pas leur propre choix ou la volonté de choisir. Comme un programme informatique, ces entités spirituelles exécutent instinctivement ce qu'elles ont été programmées de faire. Pourtant, elles ont le pouvoir de fonctionner délibérément dans leurs régions particulières d'activité.

Il a été décrété, que quand l'un des Noms Divins est utilisé consciemment dans le but de diriger l'une de ces forces spirituelles, et si le Nom Divin employé est le mot indispensable à cette force, alors le résultat est que cette force spirituelle particulière sera fortifiée, et elle sera forcée à utiliser ce surplus d'énergie dans la manière désirée par la personne qui a prononcée le Mot sacré.

Donc, à travers les enseignements de la Kabbale Pratique, nous apprenons au sujet de l'existence et du fonctionnement de ces forces ou entités spirituelles, et comment les diriger afin d'accomplir certains buts désirés. Quelques-unes de ces entités sont bonnes (les anges), pendant que d'autres sont mauvaises (les démons ou anges de l'Abîme). C'était l'objectif du Créateur de créer ces deux forces opposées. Les deux colonnes Boaz et Jakin mentionnées dans la Bible, ne sont que des représentations pour ces deux puissances contraires, mais néanmoins égales. Les forces spirituelles et les lois cosmiques sont toutes des émanations Séfirotiques.

La Kabbale Pratique nous enseigne que le but ultime de l'existence humaine est la perfection. Bien que, cela puisse nécessiter plusieurs incarnations, éventuellement, tous les êtres humains atteindront la perfection. Aussi, elle nous enseigne que la nature de nos pensées et de nos actes accéléra ou retardera notre développement spirituel.

Le but de tous les ordres initiatiques est de préserver et aussi de promouvoir la pratique de la voie mystique. Ceci est réalisé en mettant leurs enseignements à la portée de tous les chercheurs sincères de la Vérité. Ses enseignements sont basés uniquement sur les Principes Fondamentaux de la Kabbale Pratique. Avec l'aide de ces enseignements, l'initié apprend comment il peut manipuler les forces spirituelles et aussi vivre en harmonie avec les lois cosmiques.

En d'autres termes, l'objectif de ces instructions est de permettre à l'initié d'établir une relation intime avec les forces spirituelles, et de comprendre les lois et les procédés immuables qui gouvernent l'Univers. Finalement, pour réaliser directement la corrélation qui existe entre l'homme, le Mental Universel, et l'Univers.

L'attribut inhérent de l'âme c'est la compassion, le désir de travailler pour le bien de l'humanité. Mais, quand l'âme est incarnée, elle devient dépendante du cerveau humain pour communiquer et réagir réciproquement avec le monde matériel. Donc, c'est ainsi que notre âme s'identifie avec l'égoïsme qui est l'attribut inhérent de la nature humaine. Et, c'est cet égoïsme qui nous cause à faire des actions mauvaises. Donc, il y a ces deux désirs ardents chez tous les êtres humains, la compassion et l'égoïsme, et chacun d'eux s'engage dans un combat mortel pour la suprématie.

Ainsi, l'âme doit recouvrir le plus grand état de conscience dans lequel elle était avant la chute, c'est-à-dire avant cette identification avec le corps physique.

Alors, la connaissance et les pratiques trouvées à travers ses enseignements lui monteront comment convertir sa présente nature égoïste, son penchant malin en altruisme absolu ou l'amour universel, et se souvenir aussi de la connaissance du monde métaphysique dans lequel il était avant sa présente incarnation terrestre. Celle-ci est la voie par laquelle l'initié peut graduellement regagner son état d'être originel.

Les enseignements de la Kabbale Pratique soulignent la nécessité de comprendre toutes les lois cosmiques et d'ajuster sa vie en conséquence. Parce qu'éventuellement c'est à travers la bonne application de toutes les lois cosmiques que l'humanité sera sauvée.

L'un des buts de la Kabbale Pratique est d'enseigner aux chercheurs de la Vérité la manière de rediriger l'énergie sexuelle vers le haut autour des centres d'énergies de la colonne vertébrale et du cerveau dans le but d'ouvrir le troisième œil, de spiritualiser le corps physique et l'intellect. C'est ainsi seulement, que l'initié peut devenir un vaisseau capable de manifester la Conscience Divine dans les sphères inférieures du Malkouth, c'est-à-dire, à travers le corps physique et le cerveau.

En utilisant certains exercices et rituels anciens, et certaines cérémonies ; et, en tenant certains types de pensées et sentiments, nous apprenons comment nous pouvons accélérer notre évolution. Nous n'éveillons pas seulement notre conscience à un niveau plus intense, mais nous attirons aussi des types d'atomes plus raffinés à notre corps physique. Pour nous, la perfection est synonyme de l'immortalité physique. Si vous n'avez aucun doute, lisez les comptes Bibliques à propos des vies des maîtres spirituels, tel que Hénoch,

Elie et Jésus. Dans le vingt-quatrième verset du cinquième chapitre de la Genèse, il est affirmé que: « Hénoch marcha avec Dieu; puis il ne fut plus, parce que Dieu le prit. » Donc, cette ascension est le résultat inévitable de la perfection du corps physique.

Le développement du corps physique coïncide avec la transformation de la conscience humaine. Sûrement, avec le temps, peut-être après des millénaires, tous les humains posséderont un corps physique complètement spiritualisé, et une conscience exaltée. Mais, nous sommes tous dotés des facultés spirituelles et physiques, qui nous permettons de précipiter le processus de l'évolution. L'accélération du processus évolutionnaire est vraiment l'objectif de toutes les Initiations Mineures et Majeures.

La Kabbale Pratique nous apprend aussi que le Créateur ordonne que chaque âme doive gagner la perfection comme une récompense. Donc, Il a procréé le bien et le mal. Puis, Il a donné à l'homme le libre arbitre, et l'a placé alors dans une situation qui favorise la récolte de la récompense et de la punition, jusqu'à ce que le but de l'existence humaine soit réalisé. Donc, le mal a un commencement et une fin, parce que, ce n'est pas un pouvoir indépendant.

En d'autre terme, le mal n'existe pas fondamentalement, mais plutôt il est crée par le Grand Architecte de l'Univers. Et, ce mal est ce qui doit être enlevé par conséquent à travers une méthode de service. Donc, le mal est un moyen nécessaire par lequel les créatures atteindront le but désiré.

Dans un monde parfait, il n'y a aucun besoin pour le service, parce que nos bonnes actions n'ajouteraient rien à lui. Cependant, dans un monde imparfait dans lequel le mal existe, les bonnes actions sont alors indispensables, parce qu'à travers elles, ce qui est imparfait et défectueux est capable d'atteindre la perfection. Donc, nous devons réitérer le fait que seulement dans un monde imparfait, que les êtres humains peuvent exercer leur volonté, choisir entre le bien et le mal, éprouver la souffrance et la joie, convertir les vices en vertus, et aussi gagner leurs récompenses à travers l'effort et le service.

Quand un membre de la race humaine essaie d'accélérer sa propre évolution à travers certaines méthodes spécifiques et de la transmutation d'énergie sexuelle, en effet, il fait un service pour toute la race humaine, parce que l'humanité dans son ensemble bénéficiera de son progrès. Si nous sommes capables de visualiser l'humanité comme un corps physique, alors il sera plus facile pour nous de comprendre comment une cellule peut mener le corps entier à la destruction, comme dans le cas du cancer, et vice versa.

Le service permet à l'homme de gagner des mérites spirituels, et aussi d'aller progressivement pour obtenir la récompense éternelle qui la perfection. Notre méthode de service doit inclure une étude de la vraie nature de notre âme spirituelle, l'habilité de vivre naturellement en harmonie avec les lois cosmiques, aussi bien que la pratique de la théurgie - le jeune, la charité, la récitation des mantras et des Psaumes, les rituels d'invocation et de bannissement, la repentance, la concentration, la méditation, la dissolution du Moi, et l'étude du Torah.

Les vrais Kabbalistes sont réellement des Adeptes et des Maîtres Esotériques. Et, ils ont la capacité de tirer vers le bas dans les plans inférieurs, les énergies spirituelles (la Lumière Divine) nécessaires pour rectifier tout ce qui est imparfait, et transformer le mal en bien. Tout Kabbaliste doit devenir un vaisseau, un véhicule, et un serviteur.

Le Kabbaliste doit venir à la réalisation que l'Arbre de la Connaissance est une expression symbolique de l'énergie sexuelle. Cependant, avec l'aide de certains exercices de transmutation, la force sexuelle peut-être transformer en force spirituelle, et devenir le chemin suprême vers la régénération. Le péché contre le Saint-Esprit, la transgression n'est pas l'acte créateur lui-même, mais l'acheminement constant de la force sexuelle vers le bas et vers l'extérieur.

Un Kabbaliste ne cherche pas à acquérir le pouvoir. Car il sait, qu'il est déjà en possession de toutes les forces occultes du subconscient. Si pour quelques raisons, il n'ait pas satisfait avec sa circonstance actuelle, alors il doit simplement changer la situation. Chacun de nous a le pouvoir de changer ou de manifester notre propre destiné en dirigeant les forces cachées du subconscient dans la voie voulue.

En conséquence, ce que le Kabbaliste cherche en réalité est une compréhension de la façon, dont nos formes-pensées dirigent les pouvoirs du subconscient. Nous avons tous inconsciemment guidé les forces cachées du subconscient à travers l'autosuggestion. Ainsi, le Kabbaliste cherche à employer consciemment la même méthode afin d'extérioriser tous ses désirs.

En général, les kabbalistes cherchent à atteindre des connaissances sur la façon de canaliser les énergies spirituelles consciemment, et de ce fait, à diriger le processus de la vie dans leurs propres organismes, ainsi que dans la nature. À travers la maîtrise de ces processus, de nombreux adeptes ont atteint l'immortalité physique. En effet, le même flux d'énergie divine se passe et s'opère dans l'organisme de l'homme, et dans le centre de l'univers.

Les Kabbalistes emploient habituellement des agences invisibles pour obtenir des résultats visibles. En fin de compte, la kabbale se concerne avec les pouvoirs mentaux et spirituels de l'homme, et avec la façon dont l'homme est capable d'exercer un contrôle sur lui-même et sur son environnement. En réalité, l'homme ne possède pas aucun pouvoir inhérent. Ce que nous essayons vraiment de dire, c'est que l'homme est un vaisseau, un instrument à travers lequel l'énergie primordiale de l'univers se manifeste. Et, c'est ce pouvoir et ses manifestations diverses que les kabbalistes concentrent et canalisent consciemment.

Nous n'avons pas besoin d'être des Juifs afin d'étudier la Kabbale. Cette sagesse spirituelle est l'héritage de toute l'humanité. Quand nous apprenons et appliquons les enseignements de la Kabbale, nous vivrons dans un état de joie perpétuelle.

La Kabbale Pratique n'est pas totalement une tradition juive. Moïses a apprit la plupart de ces concepts dans les enseignements mystiques de Jéthro, et dans les Écoles de Mystère de l'ancienne Egypte. Nous devrions maintenir toujours dans l'esprit que les Juifs étaient des monades. Donc, dans le processus de déplacement, d'une place à une autre, ils ont empruntés beaucoup d'enseignements chez les autres peuples. Donc, la Kabbale Pratique est vraiment une Tradition puisque les enseignements des Maîtres Ésotériques sont invariables. Cependant, nous ne devrions pas croire que les enseignements de la Kabbale Pratique sont purement un héritage sémitique.

Les enseignements de la Kabbale, ne font pas seulement décrire des phénomènes et des événements, mais aussi ils expliquent également comment ils ont lieu. La Kabbale ne traite pas seulement les effets, mais aussi, les causes initiales et complémentaires. Donc, au cours de nos études, nous serons confrontés à des termes tels qu'Eyn-Sof, qui représente la réalité ultime, ou la cause première, et la Lumière Divine qui est une cause secondaire, puisqu'elle est émanée d'une cause originale. De même, nous rencontrons également des termes qui décrivent les différents domaines spirituels, tels que, Adam Kadmon, Atziluth, Beriyah, Yetzirah, Assiyah, et aussi les Qlipoth, l'Abîme ou le royaume des ténébreux.

La Kabbale nous enseigne aussi à cultiver la faculté de connaître la vérité de manière intuitive. La connaissance à propos les plus hauts royaumes spirituels ne peut pas être acquérir par l'intellect, mais ne peut se sentir que intuitivement. Pourtant, la connaissance qu'on obtient de cette manière est réelle, pratique et infaillible. Pour parvenir à la vérité, nous devons aimer la vérité pour elle-même, et non pas en raison de l'avantage personnel qu'elle peut nous apporter.

À travers la pratique de la Kabbale, nous découvrirons et nous aurons non seulement l'accès à des hauts plans spirituels, mais nous pouvons aussi amasser de vastes mérites spirituels.

Il a été déclaré par de nombreux occultistes et dans de bien des façons différentes, que l'homme est essentiellement identique à l'univers. En d'autres termes, tous les éléments de l'univers peuvent également être trouvés chez l'homme, puisque l'homme n'est rien d'autre, mais un aspect individualisé ou personnalisé de la nature. Toutes les caractéristiques de l'univers sont une partie intégrante de l'homme, même si elles sont complètement développées ou dans un état latent ou inactif.

Il n'y a rien de fondamentalement mauvais ou mal à propos des biens matériels. En fait, nous devrions nous efforcer de les acquérir. La raison pour laquelle la plupart des traditions spirituelles mettre l'accentuation principalement sur les plans supérieurs, c'est parce que les désirs, les plaisirs et les objets matériels, ne peut pas nous offrir une joie et une paix permanente.

Bien que, la plupart d'entre nous sont inconscients de celui-ci, nous sommes tous à la recherche de quelque chose que nous ne pouvons pas trouver dans le plan physique. Délibérément ou inconsciemment, nous sommes tous à la recherche, d'un bonheur incessant et d'une paix éternelle. Et, à travers notre propre expérience ici-bas, nous savons tous que la nature même de ce monde matériel n'est autre chose que le bouleversement, la souffrance et la misère.

En outre, toutes les choses ici-bas sont transitoires, y compris le bonheur. Ainsi, il est compréhensible pourquoi la plupart des chercheurs sincères de la vérité, des mystiques et des adeptes essaient de transcender ce monde matériel, et de s'élever dans les mondes purement spirituels, là où la paix et la joie ne sont pas si éphémères.

Toutefois, les enseignements de la Kabbale soulignent que nous sommes tous ici pour un but très spécifique. Notre devoir, c'est de rectifier et de corriger ce monde matériel. En fin de compte, ce monde physique doit être spiritualisé afin qu'il devienne une demeure pour la Lumière Divine. En d'autres termes, ce monde matériel doit finalement se mélanger avec le monde spirituel supérieur de Keter, le plan d'Adam Kadmon.

Les deux royaumes seront unis en un seul. En fait, ils seront inséparables.

Et, comme le dit l'adage, le serpent doit mordre sa propre queue. Nous devons transformer ce monde matériel en un monde spirituel. Quand nous réussissons à faire cela, alors une paix durable et un bonheur éternel endureront dans ce monde.

Ainsi, la voie de la Kabbale c'est la transformation. Les Kabbalistes n'essaient pas de s'échapper de ce plan physique, mais plutôt, ils essaient d'élever et de transformer graduellement ce monde matériel en un monde spirituel. Les enseignements de la Kabbale soulignent la nécessité de canaliser les énergies spirituelles aux fins de nous purifier, ainsi que le monde matériel. Cela est accompli à travers la bonne application d'un principe universel. Ce principe peut se résumer comme suit: «Ce qui est en bas, est comme ce qui est en haut." Donc, d'après ce principe, l'homme doit initier le processus. Et, comme tel, l'univers réagira réciproquement et instantanément à nos actions, nos désirs, nos sentiments et nos pensées.

Donc, il existe un système d'interdépendance dans tous les univers. A travers ce système d'interdépendance et de causalité l'homme peut engendrer des effets désirables dans ce monde en agissant consciemment sur le Mental universel.

Si, à travers des prières et des pratiques de méditation, nous dirigeons nos énergies vers l'intérieur et vers le haut, l'univers dirigera aussi également ses propres énergies vers le bas sur nous-mêmes. Si nous projetons des formes-pensées dans le Mental Universel, Il projettera aussi une réalité dans le monde matériel, qui sera une réflexion correspondante de la forme-pensée que nous avons expulsée.

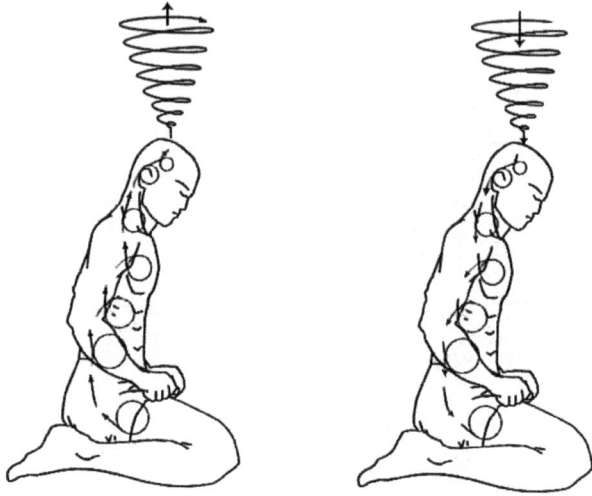

Pour conclure, il est essentiel de garder toujours dans l'esprit trois points essentiels : (1) Que nous sommes sur ce plan matériel pour accomplir un but divinement décrété qui est la rectification de ce monde physique en agissant comme des vaisseaux pour l'Energie Spirituelle ou la Lumière Divine ; (2) De plus, la plus haute connaissance ou compréhension est purement intuitif, et ne peut pas être saisi par l'intellect ; (3) Chaque plan ou domaine a son propre point de vue, ses lois et une façon très spécifique de faire des choses. Au plus haut niveau spirituel, nous pouvons percevoir l'unité, mais ici-bas, c'est la dualité ou la multiplicité qui règne.

Ainsi, dans le monde transcendantal, l'univers est perçu comme pure pensée, et la réalité est totalement indifférenciée. Alors qu'ici bas, sur ce plan terrestre, il y a une différence entre le bien et le mal ; il existe une distinction entre la pensée et l'action, entre le mental et les phénomènes. Il y a cause et effet. En conséquence, nous devons prendre conscience de la distinction entre les différents points de vue, entre les vues absolues et relatives, ainsi, que l'importance de ces deux perspectives. En outre, il est nécessaire d'intégrer ces différents points de vue au sein de notre propre conscience, et, nous devons être capables d'alterner entre eux.

Nous devrions maintenir toujours dans l'esprit que les enseignements du Torah et de la Kabbale Pratique ne devraient pas être pervertis. Et, que les pouvoirs qui ont dérivés de la pratique de la théurgie ne doivent jamais être utilisés pour atteindre des buts indignes.

I

Les Différents Aspects De La Kabbale

La Kabbale Pratique a trois aspects distincts: à savoir, la Kabbale théosophique, magique et prophétique. La Kabbale théosophique c'est l'étude de la Torah, c'est une interprétation ésotérique des divers textes bibliques. La Kabbale magique se concentre essentiellement sur les rituels, la récitation des Noms Divins, et l'usage des Pentacles et des Invocations. La Kabbale prophétique, qui est réellement l'aspect le plus ésotérique des enseignements, traite de toutes les différentes techniques de méditation qui ont été pratiqué par les anciens prophètes pour l'obtention le don de l'inspiration divine et des visions prophétiques.

L'Un des objectifs de la Kabbale est d'établir et de maintenir une connexion directe avec les plus Hauts Plans Spirituels, et avec les êtres intelligents qui demeurent dans ces plans. Et, pour consciemment contribuer au développement de l'humanité en général, par des actes philanthropiques, et en attirant des énergies spirituelles dans ce monde par certaines pratiques occultes. Au moyen de la Kabbale Pratique, nous pouvons contacter les êtres spirituels qui existent dans les plans supérieurs, et aussi contraindre les pouvoirs angéliques. Cependant, le but ultime est l'acquisition de la perfection.

La première étape dans le développement spirituel de tout être humain, c'est la prise de conscience de la double nature de notre être. On entend par là, la connaissance que les êtres humains sont une combinaison de l'âme animale et d'une âme spirituelle. Et, de se rendre compte que cette âme spirituelle est une étincelle de l'essence du Créateur. De plus, il faut reconnaître le conflit entre le Moi et l'Etre. En d'autres termes, il faut acquérir une vraie compréhension que l'âme animale et l'âme spirituelle sont totalement opposées, et qu'il y a une friction continuelle entre eux.

Notre présente incarnation est l'effet de nos pensées et de nos actions dans les vies précédentes. L'âme-spirituelle est responsable de chaque indigne, indésirable, et diabolique pensée et action produite par l'âme animale. En d'autres termes, puisque l'âme spirituelle a besoin d'un corps physique afin de se développer spirituellement, d'acquérir la connaissance, et finalement d'atteindre la perfection, il est donc juste que l'âme spirituelle doit compenser ou doit expier pour toutes les lois divines qui ont été violées, et pour tous les transgressions qui ont été commises par l'âme animale. Ensuite, on doit se souvenir qu'après la mort, le corps physique retournera en poussière, et l'âme spirituelle se tiendra devant le Tribunal Céleste.

Dans la Kabbale Pratique, la sagesse n'est pas définie comme la connaissance, mais plutôt comme une perception supérieure de l'omniprésence du Créateur. La Volonté Divine travaille à travers une multitude de pouvoirs angéliques. D'autre part, ces entités spirituelles canalisent les énergies spirituelles à travers les diverses étoiles et planètes.

Aussi, l'un des buts de la Kabbale Pratique est de neutraliser le mal qui a été décidé contre nous, ou au moins réduire l'effet de toutes les influences astrologiques négatives. De ce fait, à travers le pouvoir généré, ou les mérites accumulés par la pratique de la théurgie, l'homme peut annuler le jugement qui a été décrété par les Seigneurs du Karma, et changer le cours naturel des événements. Car, la force de la miséricorde ou de la grâce peut rendre impuissant les pouvoirs angéliques, qui sont les exécutants de la sévérité du Créateur.

La sagesse généralement nous amène à vivre dans un permanent état de repentir. La repentance n'est pas simplement une sensation sincère de culpabilité, de remords, ou un désir d'avouer le péché. La repentance implique, en plus, une volonté de compenser pour le mal que nous avons fait. Nous pouvons demander de l'aide au Tout-puissant, mais, on attend, que nous faisions seuls le travail de correction ou de rectification.

De plus, la repentance doit provoquer une sensation de défaillance dans notre méthode de service. Ainsi, quand cela arrive, nous nous efforçons naturellement d'éviter l'impureté des désirs égoïstes, et simultanément de nous sanctifier par l'exécution de bonnes actions. C'est à chacun de nous de pratiquer une méthode de service afin de libérer les étincelles de lumière divine, et d'accélérer la réalisation de l'unité et de l'harmonie absolue dans les mondes d'Assiyah, Yetzirah, Beriyah, Atzilut, and Adam Kadmon.

Comme nous avons déjà dit auparavant, chez tous les humains, il y a deux impulsions ou deux forces égales en action, et elles nous tirent constamment dans des directions opposées. L'une de ces impulsions procède de la nature divine de l'homme, l'âme, et elle se réfère à la bonne inclination. Tandis que, l'autre impulsion provient de la nature animale du corps physique, et elle est connue comme l'inclination diabolique. Contrairement à la plupart des êtres humains qui sont vraiment des esclaves de la mauvaise inclination, le Kabbaliste doit rejeter et soumettre l'inclination diabolique, et en même temps s'accrocher à la bonne inclination.

D'ailleurs, nous devons comprendre que la Bible (la Torah) peut être étudiée et comprise sur quatre niveaux différents : en particulier, Peshat, Remez, Derush, et Sod. Ces quatre niveaux de connaissance, de compréhension, et de sagesse sont connus par l'acronyme Pardes (le Verger). Le Peshat est le sens direct, simple, ou littéral. Tandis que, Remez explique les insinuations ou allusions contenues dans le texte. Derush traite des homélies et utilise les principes d'herméneutiques. Et, le Sod explique l'interprétation ésotérique et initiatique de la Torah.

Puisque ce travail est basé principalement sur le Sod ou les enseignements ésotériques de la Torah, alors nous devons aborder son contenu avec révérence. Par exemple, du point de vue de Sod, les sept Bergers (Abraham, Isaac, Jacob, Moïse, Aaron, Joseph, et David) ne représentent pas vraiment des figures historiques ou de véritables êtres humains. Ils représentent certaines vérités universelles et immuables qui sont applicables à tout le monde.

En d'autres termes, les sept Bergers sont utilisés comme des représentations pour les Attributs du Créateur, aussi connu du point de vue kabbalistique comme les sept Sefirot inférieurs. Egalement vrai, la lutte constante entre la bonne et la mauvaise inclination a été emblématiquement présentée par le combat entre le Pharaon d'Egypte, et Moïse. En un mot, l'histoire de la création n'a rien à voir avec la planète Terre, mais plutôt, elle est une explication de l'origine des Dix Sefirot.

De la même manière, à travers ce texte, quand nous rencontrons certains termes ou mots clés, tels que le peuple juif ou Israël, nous ne devrions pas les interpréter littéralement, mais plutôt, les regarder comme des secrets kabbalistiques. En réalité, le mot Israël signifie d'après l'interprétation ésotérique, un initié, un occultiste, un mystique, quelqu'un qui essaie de comprendre, de manipuler, ou de lutter avec la Loi Divine.

Finalement mais pas le moindre, ceux qui n'ont pas atteint la perfection dans cette vie prendra avec eux au moment de la mort tous les accomplissements qu'ils ont réalisés jusqu'ici. Et, dans la prochaine incarnation, ils commenceront exactement à l'étape de développement spirituel atteint précédemment.

N'importe qui s'efforce de devenir un kabbaliste, un servant du Créateur, devrait également s'efforcer d'être un des êtres humains les plus raffinés. D'ailleurs, il devrait craindre la Loi Divine, rester loin du mal, et être une personne intègre. Et, s'il vit vraiment en harmonie avec la Loi Divine, il prospérera dans tout qu'il entreprendra.

S'il est riche, il devrait utiliser son argent pour se développer intellectuellement et spirituellement, faire de bonnes actions, et alléger les souffrances de l'humanité. Rappelez-vous que nos talents, connaissances et biens matériels ont été prévus pour un bon usage, et à les utiliser autrement, c'est allé à l'encontre de la Loi Divine.

En outre, il devrait apporter la prospérité à sa communauté en fournissant de l'emploi à autant de personnes que possible. En plus, il devrait pareillement contribuer aux œuvres charitables, ou directement donner la charité à ceux qui sont moins fortunés. Cependant, sa première priorité devrait toujours de prendre soin de ses propres besoins et de ceux de sa famille.

Indépendamment de ce qui nous a été dit, être riche est merveilleux, et la pauvreté est le destin le plus détestable qui puisse parvenir à n'importe quelle personne. Bien que nous devions faire la charité, nous ne devrions jamais abandonner toute notre fortune et devenir pauvres. Ceux qui n'ont pas de richesse matérielle devraient prier pour la prospérité et devraient s'efforcer d'acquérir la santé, l'argent et le pouvoir, de sorte qu'ils puissent être en position de puissance pour faire bénéficier d'innombrables êtres humains.

À la fin, ni les justes ni les méchants ne peuvent emporter leurs richesses matérielles avec eux. Mais une chose est certaine, les personnes vertueuses accumulent des mérites spirituels illimités à cause des bonnes actions commises, et sûrement, ces récompenses détermineront leur degré de perfection, tant en ce monde que dans le Monde à Venir.

II

L'Union Du Son Et De La Pensée

Toute forme pensée crée par les Sefirot sur le plan mental doit entrer dans la catégorie de Parole, afin de se manifester et d'entrer dans l'existence réelle. Donc, la création actuelle de l'univers s'est produite à travers la Parole. De la même façon, toutes les fois que nous voulons transmettre une idée aux autres, notre pensée doit aussi pénétrer la catégorie de parole pour être révélé. Donc, elle doit être soumise aux règles de la langue, et exprimée dans la forme de lettres et de mots.

Il y a beaucoup de noms divins, et les gens partout dans le monde entier font usage d'eux. Les saintes écritures et les livres religieux sont pleins de tels noms. Tous les hommes invoquent le Nom de Dieu, mais ils sont incapables de faire la distinction entre le Nom qui peut être écrit et prononcé, et celui qui ne pas peut être écrit ou prononcé. Des noms divins comme Adonaï, Elohim, et Shaddaï Elchaï peuvent être écrits ou prononcés. Mais, le Schéma, le Verbe ou la Parole Perdue, celui dont parlent tous les initiés, existait déjà avant même la création de l'univers.

Donc, le mot parlé n'a pas créé l'univers, et il ne peut pas libérer l'âme spirituelle de l'ignorance. Cette réalisation est seulement possible à travers le Mot non prononcé, la Parole Perdue. Cependant, le mot parlé est essentiel pour purifier l'esprit. D'ailleurs, chaque nom divin a un pouvoir unique d'exécuter une fonction particulière.

Le Vrai Pouvoir derrière la Création, c'est l'union du Son et de la Pensée. C'était à travers l'agence de la Parole que l'univers a été créé. Dans le Torah, il est écrit que le Créateur a parlé et l'univers est entré en vigueur. Ainsi, selon la Bible, la création a été provoquée par l'intermédiaire de la puissance du Son. Donc, sachant très bien comment l'univers a été créé, les adeptes et les maîtres ésotériques consciemment dirigent le pouvoir qui est caché au sein du Son et de la Pensée.

Qu'est-ce qui cause l'énergie primordiale ou matière primitive de former des objets différents? La réponse est la Parole. Le Son dirige les constituants de la matière primitive. La Pensée est au-dessus du Son, par conséquent, le Son peut être manipulé par la Pensée. Le mental dirige indirectement la matière à travers l'agence ou l'intermédiaire du Son.

L'univers tout entier, y compris le temps et l'espace, fut crée par le Verbe. La Parole Perdue est le Vrai Nom de Dieu. Tout ce que nous voyons ici-bas a été crée par le Mot Sacré non prononcé I.N.R.I. ou le Logos. La Parole Perdue résonne dans chaque être humain. C'est une partie intégrante du Créateur. Tous les maîtres ésotériques et les prophètes affirment que Dieu et le Verbe ne font qu'Un, et que celui-ci est à l'origine de toute la création. Le Son Universel ou le Verbe était avant la création du monde.

Le Verbe qui est le Vrai Nom de Dieu n'à rien avoir avec l'Hébreu ou le Sanskrit. Seulement, ceux qui ont été initiés dans les Mystères du Son peuvent comprendre ces déclarations. Le Son Sacré ou la Parole Perdue sonne constamment dans chaque être humain, mais, il peut être perçu seulement quand le mental et la force vitale ont détournés vers l'intérieur dans l'œil spirituel. L'œil spirituel ou troisième œil est situé dans le centre d'énergie derrière les deux yeux. C'est le siège de notre âme et de notre mental pendant l'état éveillé. C'est le centre ou toutes nos pensées et énergies sont entrain d'aller vers l'extérieur. Cependant, quand ces énergies mentales et vitales sont ré-acheminées vers l'intérieur, alors l'esprit entend le Son Sacré et voit la Lumière Divine.

Si la nature de l'univers est vraiment mentale, alors, seulement par la pensée que l'homme peut transformer ou changer les circonstances, les conditions, et les évènements dans l'univers. Donc, la Kabbale Pratique nous enseigne les sécrets des Noms Divins, aussi bien que leurs méthodes d'application. Ces méthodes de Transmutation Mentale permettent aux kabbalistes de transformer ce qui est indésirable en ce qui est désiré. La méthode consiste à employer la loi la plus élevée (la Miséricorde) contre la loi inférieure (la Justice ou la Sévérité). Parce que tout se produit selon la Loi Divine.

Les forces cachées du subconscient peuvent être dirigées par le mental conscient, pourvu qu'une méthode adéquate à cette fin soit utilisée. Bien que, c'est vrai que le subconscient répond plutôt à une suggestion qu'avec une commande directe, il est nécessaire de formuler notre volonté et le résultat désiré à travers des images mentales spécifiques ou des formes-pensées. Le subconscient répond plus aisément aux formes-pensées que toute autre forme de suggestion.

Nous pouvons être incapables de tracer le rapport causal qui existe entre les formes-pensées que nous avons contenues dans le passé et les conditions que nous éprouvons actuellement; mais, le fait est que nos circonstances présentes sont l'effet de nos formes-pensées. Nos conditions actuelles sont la réponse du subconscient à nos formes-pensées. De la même façon, le futur sera la manifestation de nos formes-pensées.

L'entraînement suivant sera entrepris le soir après que vous vous soyez couchés et vous rendus entièrement confortable. Cet entraînement vous permettra de transférer les formes pensées au subconscient. Cette méthode consiste à visualiser ce que vous voulez, et le garder dans votre imagination pour un temps comme une réalité, donc comme un fait accompli.

Souvenez-vous aussi que le Mental Universel est sensible à nos pensées et à nos émotions. Par conséquent, nous avons à notre disposition une méthode adéquate pour agir sur le Mental Cosmique et créer la cause nécessaire pour accomplir notre souhait ou l'effet désiré. La forme-pensée peut être créée pour bénéficier soi-même, aussi bien que les autres. Donc, la première étape dans la pratique de l'occultisme est de créer une forme-pensée de l'objectif désiré. En conséquence, il est essentiel d'imaginez que le but ou le résultat désiré a déjà été accompli.

L'occultiste doit' méditer sur un désir qu'il veut manifester, et puis, avec l'aide de l'imagination il doit construire une forme-pensée de l'objectif désiré. Cette forme-pensée doit être chargée avec la passion ou l'émotion du praticien, car l'émotion est l'énergie astrale. Ensuite, il doit utiliser un certain rituel pour vitaliser la forme-pensée, c'est-à-dire pour lui remplir d'énergie vitale ou énergétique. Une fois que la forme-pensée a été construite et chargée par l'énergie émotionnelle et vitale, elle acquiert pratiquement sa propre identité.

En général, notre mental à un triple aspect: à savoir, l'intellect ou le mental conscient, le subconscient et le Mental Universel. Le mental conscient crée et développe nos pensées. Chaque pensée a deux aspects: l'idée et aussi l'émotion qui est associée avec l'idée. Le transfert des formes-pensées au subconscient se fait à travers l'aspect émotionnel de la pensée. Une forme pensée qui n'est pas saturée avec des émotions, tel que l'amour, le désir, la foi, et même la peur, ne peut pas se matérialisée, puisque la forme-pensée ne sera pas transmise au subconscient.

Le subconscient représente notre nature émotive. Il reçoit toutes les idées et n'est pas influencé par la vérité ou la fausseté des idées. Il répond à la suggestion et aussi à l'autosuggestion. Il accepte toutes les idées comme des faits réels. Une forme-pensée peut être transférée de l'intellect au subconscient si la forme pensée est saturée vraiment avec des émotions. La raison pour laquelle, l'émotion ou la passion est si essentielle, c'est parce que, c'est à travers l'agence de l'aspect émotionnel de la pensée que le subconscient est capable de recevoir les formes- pensées.

Cependant, dans l'absence de la passion, il est possible quand même de projeter une forme pensée. Si l'image mentale est formée et est maintenue dans le mental avant de s'endormir ; alors, quand la conscience se déplace de l'intellect au subconscient, donc la forme-pensée se déplace aussi du mental conscient au subconscient. Le subconscient est le monde invisible ou astral, le plan des causes. Donc, il est indispensable de planter la forme-pensée dans le monde des causes afin qu'elle puisse se manifester dans le monde matériel ou plan physique.

Le Mental Universel opère à tout moment sur un niveau subconscient. Il a l'accès complet et total à toutes les idées, les sensations, et informations qui ont entreposées dans notre subconscient. Il a aussi l'accès illimité à toutes les connaissances et informations qui existent dans l'univers. Le Mental Universel est indépendant du temps et de l'espace. Pour lui, le passé, le présent et le futur est la même chose.

Les formes-pensées sont des matrices nécessaires pour modifier les conditions physiques. Si nous voulons des conditions différentes dans le monde matériel, alors nous devons changer nos formes-pensées.

Ordinairement, les formes pensées sont précipitées progressivement, et elles arrivent à une expression physique qu'à travers une série de transformations subtiles, si légères que nous ne pouvons pas les discerner. Comme nous avons déjà énoncé, les formes-pensées doivent être très spécifiques.

En outre, le but désiré doit être regardé comme une réalité présente et tangible. Si la forme-pensée est tenue ferme dans l'esprit, alors elle a la capacité de se manifester. Une forme-pensée est un vaisseau pour l'Énergie Primordiale de l'Univers ou la Lumière Divine de se manifester.

Ceux qui sont des experts dans cette Pratique comme les Adeptes et les Maîtres Ésotériques, sont capables d'accélérer cette série de transformations afin que leurs formes-pensées puissent être manifestées presque instantanément comme des réalités physiques.

C'est à travers le bon usage de l'imagination que la volonté peut manœuvrer l'énergie mentale pour modifier la nature et les évènements. La forme-pensée ne restera pas toujours une simple forme-pensée. Avec le temps, elle se transformera en une réalité tangible.

En conclusion, quand une forme pensée est produite, elle est transférée au subconscient à travers l'aspect sentimental ou émotif de la pensée, et à son tour le subconscient stimule le Mental Universel afin d'objectiver ou manifester le but désiré.

Tous les phénomènes et toutes les manifestations sont des expressions d'énergie mentale. Cette énergie est vraie et sa réalité s'étend sur tous les plans visibles et invisibles. La matière n'est pas une entité séparée ou indépendante. Toute forme, qu'elle soit composée d'une matière grosse ou subtile est simplement une concentration d'énergie mentale.

Ainsi, la vraie puissance est entièrement mentale. Par la Transmutation Mentale, les kabbalistes sont capables de canaliser les énergies des éléments, et les diriger dans des directions opposées pour le bien ou pour le mal. Les kabbalistes sont capables de provoquer et d'arrêter les guerres et autres grands phénomènes physiques, tels que le tremblement de terre, l'ouragan, le tsunami, et ainsi de suite, si la Loi Divine le permet.

Ces méthodes nous enseignent aussi, des façons pour contacter des êtres invisibles du Côté de Pureté et de l'Autre Côté, en utilisant ces mêmes Noms Divins. Quand la connaissance ésotérique est mal renseignée, et que les gens emploient les Noms Divins pour des buts égoïstes, alors la Kabbale Pratique se transforme en Sorcellerie, et elle devient une force malfaisante.

Un occultiste pratique est prudent de regarder ses propres mots, car le subconscient est particulièrement susceptible aux mots que nous utilisons comme attributs après la déclaration initiale "je Suis." Il s'en occupe toujours, afin qu'il ne dit pas des déclarations ou crée des formes pensées qui peuvent engendrées des circonstances tangibles indésirables.

III

La Justice Cosmique

Alors Pierre prit la parole et dit: Maintenant je me rends vraiment compte que Dieu ne fait pas de différence entre les hommes. Au contraire, dans toute nation, tout homme qui le révère et qui fait ce qui est juste lui est agréable. Actes 10 : 34 - 35

Ne vous faites pas d'illusions: Dieu ne se laisse pas traiter avec mépris. On récolte ce que l'on a semé. Galates 6: 7

Ne soyez pas trompés; vous ne pouvez pas faire une plaisanterie de la justice divine. Vous moissonnerez toujours ce que vous plantez. Dieu nous jugera pour tout ce que nous faisons, y compris chaque chose secrète, qu'elle soit bonne ou mauvaise. Ecclésiastes 12 :14

Ne vend-on pas deux passereaux pour un sou? Cependant, il n'en tombe pas un à terre sans la volonté de votre Père. Quant à vous, même les cheveux de votre tête sont tous comptés. Matthieu 10 : 29 - 30

Tout se déroule toujours selon la Justice Cosmique ou Loi Divine. Parce qu'il est écrit dans la Bible : " Je crée la lumière et fais l'obscurité. Je provoque les bons temps et les mauvais temps. Moi, le Seigneur, je suis celui qui fait toutes ces choses." Isaïe 45 : 7. La Loi Divine ne différencie pas, et traite également tous les mondes et toutes les existences. La création entière est gouvernée par ce principe universel. Donc, la Loi Divine est un terme utiliser pour dénoter que tout ce qui existe est sous la prévoyance totale de tous les dix Sefirot.

L'homme est exclusivement responsable pour la souffrance humaine. Pour défier le Créateur, ou lutter contre la Loi Divine quand nous faisons face à la souffrance humaine est futile. En d'autres termes, lutter contre une loi qui est absolue, ne vas pas changer en aucune façon la nature intrinsèque de la loi. Une fois pour toutes, nous devrions garder dans l'esprit que la Loi Divine est impartiale, éternelle et immuable.

L'adversité et le manque de santé et d'argent sont une punition pour les transgressions passées. Donc, la transgression est la raison pour notre souffrance et notre douleur. Seulement, les mérites spirituels ont le pouvoir de neutraliser les effets négatifs de nos infractions. Mais, les mérites spirituels ne peuvent être accumulés qu'à travers nos bonnes actions.

Dans des exemples très rares, il est possible que la souffrance ne soit pas une punition, mais simplement une épreuve. Il est écrit: "Il craint Dieu, et reste loin du mal. Et, il a maintenu son intégrité, bien que vous m'ayez conseillé vivement de lui faire du mal sans cause." Job 2:3. Dans ce cas, la souffrance de Job n'était pas due à une action mauvaise. Comme pour tous les grands mystiques et les maîtres ésotériques, l'initié devait subir certaines expériences afin de transformer complètement sa nature animale ou son penchant malin. Mais, ceci n'applique pas pour les êtres humains ordinaires.

Quelquefois, il est aussi possible que la personne qui souffre soit innocente. Dans ce cas, nous pouvons être certains d'une chose: "Car il vengera le sang de ses

fidèles; il prendra vengeance contre ses ennemis."
Deutéronome 32:43. En tout cas, nous devons conclure
qu'en générale, la raison pour laquelle la plupart des
gens souffrent c'est à cause de leurs transgressions.

En fin de compte, nous ne devrions jamais commettre
un autre péché en maudissant la Loi Divine. Que notre
circonstance malheureuse soit un test ou l'effet de nos
mauvaises actions, nous devrions continuer à louer les
Noms Divins du Créateur. Comme Job, nous devrions
pouvoir dire : "Je suis venu nu du ventre de ma mère,
et je serai nu quand je pars. Adonaï m'a donné ce que
j'avais, et Adonaï l'a enlevé. Louez le nom d'Adonaï!"
Job 1:21. Et, quand son épouse lui dit de maudire la
Loi Divine, la réponse de Job était : "Vous parlez
comme une femme idiote. Devrions-nous accepter
seulement de bonnes choses de la main du Créateur et
jamais quelque chose de mauvais?" Ainsi en tout ceci,
Job n'a rien dit de mal. Job 2:10.

Du point de vue humain, il est impossible de savoir la
vraie raison derrière une tragédie. Ce peut être une
punition, une épreuve, ou justement une injustice.
Donc, notre réponse devrait être toujours de faire
quelque chose pour alléger la douleur, et arrêter la
souffrance.

Nous sentons que la souffrance, la douleur, la maladie
et la mort ne devrait avoir aucune place légitime dans
ce monde physique. Donc, la réponse adéquate, et le
seul moyen d'extirper complètement ces éléments non
désirés dans notre monde, c'est de vivre en harmonie
avec la Loi Divine, et, d'accumuler beaucoup de mérites
spirituels. Même si nous ne l'aimons pas, mais le fait
réel est que l'univers est gouverné par une loi
immuable. Si, nous faisons référence à cette loi
universelle sous le nom de la Loi Divine, la Providence
Divine, la Loi de Cause et Effet, la Récompense et la

Punition, la Loi du Karma, ou simplement comme la Loi de Causalité, nous disons tous la même chose, mais dans des façons différentes.

L'essence spirituelle de chaque être est son âme spirituelle qui est une partie individualisée du Créateur. Comme tel, chaque âme spirituelle est vraiment passionnée de vivre dans l'harmonie avec la Loi Divine; et, c'est l'inclination mauvaise ou l'âme animale qui nous forcent à faire différemment. Sans se soucier des raisons pour n'avoir pas obéir à la Volonté Suprême du Créateur, nous devons faire amende ou compensation pour les troubles que nous avons créé partout dans l'univers. Autrement, nous devrons, faire face à la circonstance inévitable de la souffrance et la douleur. Seulement nos bonnes actions et nos mérites spirituels peuvent compenser pour les effets destructifs de nos transgressions.

La Loi Divine nous punit pour toutes les actions mauvaises, et aussi, pour toutes les bonnes actions que nous aurions dû faire, mais a manqué de faire. Et, si nous sommes vraiment des êtres humains, notre conscience devrait nous torturer aussi. Donc, c'est vraiment illogique et immature de continuer à lutter contrairement à la Loi Divine.

Partout, nous continuerons à accentuer le fait que la Loi Divine est éternelle. Au lieu de protester contre une loi immuable, quand nous éprouvons une souffrance terrible, nous devrions prendre part à servir intensément l'humanité. Nous devons expier pour toutes les fautes commises dans cette incarnation, et dans les vies antérieures. Nous pouvons faire la compensation, seulement à travers la souffrance, ou à travers les bonnes actions.

La vérité est que personne n'est capable de nous fournir n'importe quoi, sans que nous ne l'ayons pas gagné par nos propres efforts. Il y a un prix pour tout. Toutes les fois que nous essayons de prendre quelque chose que nous ne méritons pas, où saisit ce que nous n'avons pas encore payé le prix pour l'atteindre, la Loi Divine prendra de nous quelque chose que nous avons gagné précédemment pour faire la compensation adéquate. Nous pouvons payer pour toutes nos dettes à travers nos bonnes actions, ou à travers la souffrance et la douleur. C'est la Loi. Et, la Loi Divine est parfaite, éternelle, immuable et impartiale. Donc, la bonne réponse à la souffrance humaine devrait être, d'apprendre plus à ce sujet, et de vivre dans l'harmonie avec la Loi de Causalité.

La Loi Divine a été instituée par le Créateur, et c'est une partie intégrante de la Création. Si le Créateur retirerait la Loi Divine, la Création reviendrait à l'instant au chaos, et cesserait d'exister. Ce n'est pas le Créateur qui directement punit ceux qui n'obéissent pas à sa volonté, mais la Loi Divine. Cette Loi est complètement impartiale, et elle n'a aucun préjugé. Aucune personne ne peut s'échapper de ses prises puissantes. Comme énoncé dans la Bible: "Je vois très clairement que Dieu ne montre aucun favoritisme. Dans chaque nation, il accepte ceux qui le craignent, et font ce qui est juste." Actes 10:34-35.

Tout dépend de nos actions. Les circonstances douloureuses sont le résultat d'actions mauvaises; alors que, les expériences agréables de la vie sont l'effet de bonnes actions. Les bonnes actions apportent le bonheur dans cette vie, la joie le jour de mort, des plaisirs et des récompenses innombrables dans le monde à venir. Encore, nous ne devrions pas défiler nos bonnes actions avec l'intention de les faire simplement par égard pour les récompenses.

Les actions mauvaises sont des actes qui sont dans le conflit avec la Loi Divine, et elles devraient être complètement extirpées de soi et du monde. Une telle transgression peut nier tous les mérites spirituels que nous avons accumulés, et aussi, sûrement elle causera la rétrogradation évolutionnaire. Donc, nous devrions nous efforcer de devenir plus bien informé, et d'acquérir une plus grande compréhension de la Loi Divine. Simultanément, nous devrions continuer à s'efforcer de transformer nos traits défectueux, et nos tendances mauvaises.

La Loi Divine est une partie essentielle de la Création. Le Créateur a mit cette grande loi en mouvement, afin de satisfaire le désir de tous Ses enfants. Il ne montre pas de favoris, et il traite les riches et les pauvres, les blancs et les nègres, les gens cultivés et ceux qui sont sans éducation pareillement. Par conséquent, nous devons tous apprendre à vivre en accord avec la Loi Divine, et fait beaucoup du bien toutes les fois que le ciel nous donne cette bonne occasion. Où, nous pouvons continuer à violer cette loi immuable, et alors récolter les effets malfaisants de nos actions. L'homme a le libre arbitre. Pour cette raison, il a la capacité de faire ce choix.

IV

Techniques Pour Amplifier La Force Sexuelle

Étendez une couverture de laine par terre. Asseyez-vous, puis élevez et repliez la jambe gauche sous le corps afin que la plante du pied gauche soutienne la hanche gauche. Tirez la jambe droite contre le corps, afin que la partie supérieure de la jambe soit près du torse que possible, et la plante du pied est aplatie par terre. Placez vos mains avec les doigts enclenchés autour du genou droit.

Respirez lentement à travers vos nez en sentant que la force sexuelle est un courant frais qui se déplace de bas en haut à travers le canal central de la colonne vertébrale jusque entre les sourcils, dans le troisième œil ou l'œil spirituel.

Retenez le souffle et courbez votre tête jusqu'à ce que le menton touche la poitrine, en même temps défaites les mains et allonge la jambe droite jusqu'à ce qu'elle s'allonge tout droit par terre. Continuer à retenir le souffle, saisissez avec les deux mains les orteils du pied droit et les tire doucement vers vous, en comptant mentalement d'un à six dans cette attitude courbée.

Retournez dans la position originale, en redressant la colonne vertébrale et soulevant le genou droit de bas en haut jusqu'à ce que la jambe soit encore contre le corps comme auparavant. Expirez et visualiser qu'un courant chaud se déplace vers le bas à travers la colonne vertébrale au coccyx.

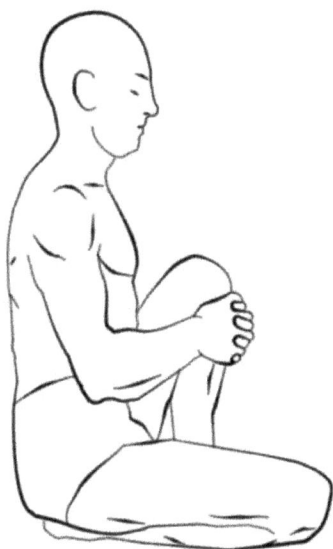

Répétez les mêmes procédures, afin que le pied droit soit glissé sous la hanche droite, et la jambe gauche soit établie la fin contre le corps.

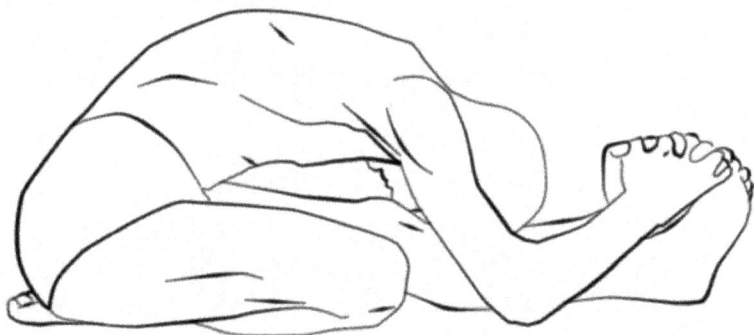

Maintenant, asseyez afin que les deux jambes soient tirées contre le corps, et serrez les mains autour des genoux. Encore, absorbe l'air lentement à travers vos nez en sentant que la force sexuelle est un courant frais qui se déplace de bas en haut à travers le canal central de la colonne vertébrale jusqu'à le troisième œil. L'œil spirituel est situé entre les sourcils.

Retenez le souffle et courbez votre tête jusqu'à ce que le menton touche la poitrine, en même temps défaites les mains et allonge la jambe gauche avancé jusqu'à ce qu'il s'allonge tout droit par terre. Continuer à retenir le souffle, saisissez avec les deux mains les orteils du pied gauche et les tire doucement vers vous, en comptant mentalement d'un à six dans cette attitude courbée.

On se redresse, en rectifiant la colonne vertébrale et soulevant le genou gauche de bas en haut jusqu'à ce que la jambe soit encore contre le corps comme auparavant. Expirez et sentir qu'un courant chaud se déplace vers le bas à travers la colonne vertébrale au coccyx.

Asseyez-vous, et élevez et les deux jambes tirées contre le corps, et serre les mains autour des genoux. Inhalez comme auparavant et amenez le courant frais à l'intérieur du canal central de la colonne vertébrale.

Retenez le souffle et courbez votre tête jusqu'à ce que le menton touche la poitrine, en même temps défait les mains et étire les deux jambes avancent jusqu'à ce qu'ils soient droits dehors devant vous. Continuer à retenir le souffle, saisissez les orteils du pied gauche avec la main et les orteils du pied droit avec la main droite, et les tire doucement vers vous, en comptant mentalement d'un à six dans cette attitude courbée.

Reprenez la position originale, et élevez et les deux jambes tirées contre le corps, et serre les mains autour des genoux. Expirez et imaginez qu'un courant chaud se déplace vers le bas à travers la colonne vertébrale au coccyx.

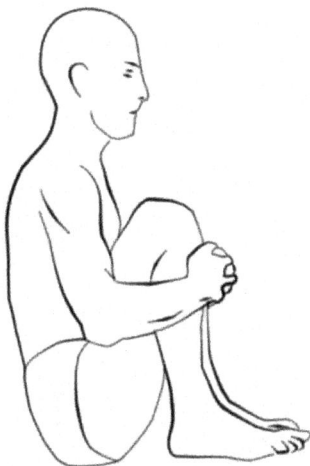

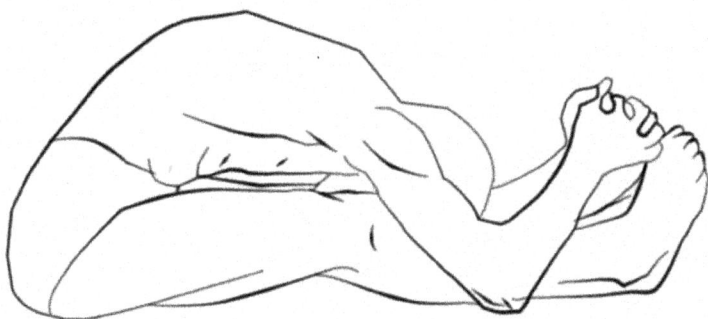

V

Sublimation De La Force Sexuelle

Tout d'abord mettez-vous debout, bien droit, les talons joints, et placez vos mains sur vos hanches. Puis, poses vos mains à plat sur votre ventre, de chaque côté du nombril, et glissez les lentement vers le bas, le long de vos cuisses, en vous penchant vers l'avant, comme pour faire une profonde révérence, jusqu'à rejoindre les genoux. En abaissant vos mains et en vous inclinant lentement, sans plier les jambes, expirez à fond, afin de vider vos poumons de tout l'air qu'ils contiennent, de telle sorte qu'au moment où vos mains peuvent saisir vos genoux, vos poumons sont complètement vide et qu'ils n'ont plus d'air.

Ensuite, relevez lentement votre corps, et redressez-vous peu à peu, sans bouger les pieds, les talons toujours collés, remontez vos mains le long de vos cuisses et remettez les sur vos hanches, au moment où votre corps se trouve à nouveau bien droit. Dans cette position, vos bras ressemblent aux deux anses d'une jarre et les poumons sont tout à fait vides.

Maintenant, poursuivez l'exercice en faisant descendre vos mains vers l'organe sexuel, mais toujours, vous n'avez pas encore rempli les poumons avec d'air; je fais à présent un massage au niveau de la prostate, pour que la vibration atteigne la prostate et qu'il y ait une transmutation sexuelle. Ce massage, je le fais non seulement sur la prostate, mais je peux et je dois aussi le faire sur les organes sexuels, avec une certaine fermeté. Après avoir effectué ce massage sur mes organes génitaux créateurs, je pose à nouveau mes mains sur mes hanches, en gardant le corps droit.

Ayant ramené les mains sur les hanches, j'inspire alors profondément, je remplis mes poumons d'air, en dirigeant, en faisant monter la force sexuelle jusqu'au cerveau, par le canal central de Soushoumna, et à l'aide de l'imagination. Ensuite, expirez très lentement, en vous inclinant vers l'avant, et répétez tout l'exercice de transmutation jusqu'à ce que je l'aie accompli trois fois.

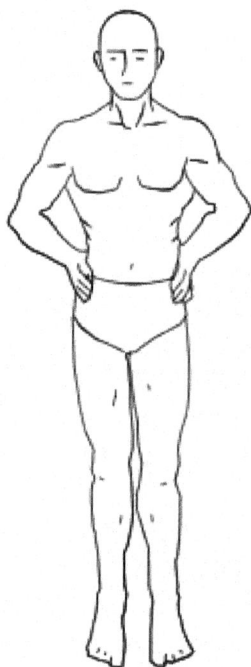

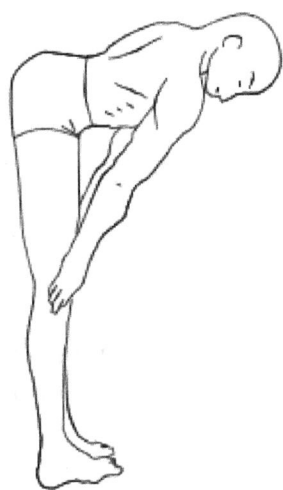

Respiration Rythmique

Par la venue ensemble des deux souffles, au point extrême, non plus dans ou à l'extérieur du corps, le mystique devient capable d'éprouver la montée de la connaissance d'harmonie. Vijnana Bhairava

Le Respiration Rythmique est une méthode pour transformer la force sexuelle en force spirituelle. Le mystique inspire à travers les narines gauche et droite. En inspirant, il doit imaginer intensément que les énergies sexuelles s'élèvent à travers le canal central qui se situe à l'intérieur de la colonne vertébrale, jusqu'au cerveau entre les sourcils. Puis il doit retenir le souffle pour un instant. Après, cette courte rétention, il expire, et conduit l'énergie vers le bas jusqu'au coccyx en suivant le même parcours, à l'aide de l'imagination (l'énergie suit toujours la pensée) et de la volonté. Ce cycle d'inspiration et d'expiration doit être répété quatorze fois. C'est ainsi que les célibataires peuvent transmuer leurs énergies sexuelles.

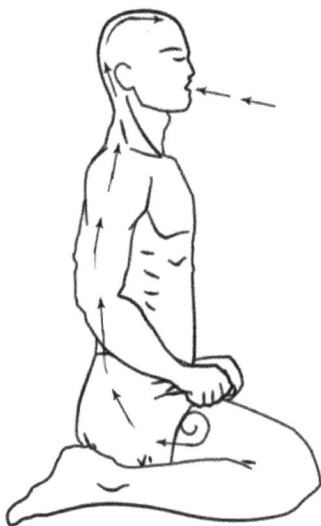

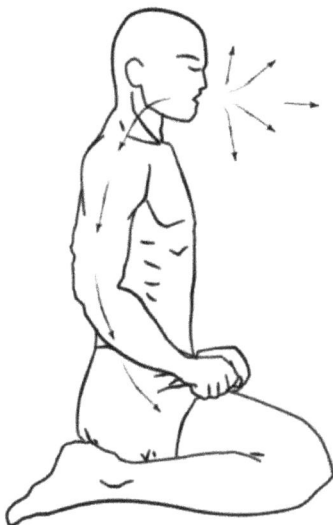

Respiration Embryogénique

Le Respiration Embryogénique est pareillement un procédé pour transformer la force sexuelle en force spirituelle. Elle est profusément plus difficile, néanmoins, le résultat obtenu est également plus intense. Le kabbaliste respire posément. Quand il a totalement absorbé le souffle, il le retient et rétrécit les muscles du sphincter et il tire son menton sur sa poitrine dans une serrure du menton.

Alors, il sent l'énergie sexuelle se déplace du périnée, et monte le long du canal central de la colonne vertébrale. L'énergie s'enveloppe autour de chacun des centres psychiques successivement, quand elle les atteint.

Pendant qu'il tire le courant sexuel à travers les centres psychiques, il dit mentalement les premières six syllabes du mantra dans les six centres inférieurs qui se situent dans le canal central de la colonne vertébrale. Il récite OM dans le coccyx; NA au chakra du sacral; MO au chakra lombaire; BA au chakra dorsal; GA au chakra cervical; et VA à l'œil spirituel. Puis, il pause pour un moment.

Alors il soulève sa tête, son regard est dirige vers le plafond; puis, il tourne sa tête vers l'épaule droite et il chante Té ; puis, il tourne la tête vers l'épaule gauche et il chante VA au chakra cervical; finalement, le menton sur sa poitrine dans une serrure du menton et il chante SU au chakra dorsal. Il continue à imaginer, que le principe du mental et de l'énergie continue à descendre vers le bas à travers les trois centres inférieurs, et il dit DE, VA, YA.

Après un temps, il relâche les clés de l'anal et du menton, et lentement il expire le souffle. Il répète encore ce processus entier, pendant sept fois.

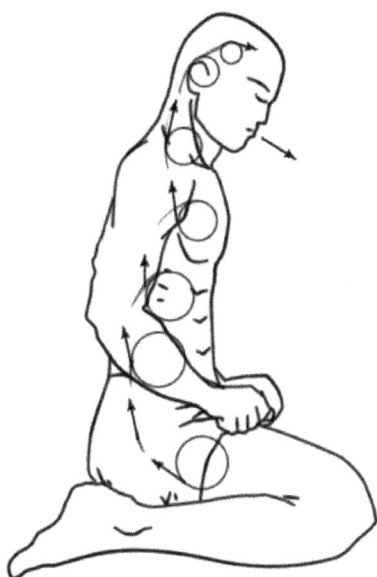

VI

Développement De La Clairvoyance

En fermant les ouvertures des sens par les mains et en perçant le centre entre les yeux, quand la lumière intérieure est perçue et il y a une fusion graduelle, alors l'état primordial de l'esprit sera trouvé dans ce centre. Vijnana Bhairava

Donc, en fermant l'ouverture des sens par les mains, et en perçant l'œil spirituel qui se situe entre les sourcils, le point lumineux est perçu et il y aura une fusion graduelle. Alors, l'état suprême est trouvé dans ce centre.

On commence par concentrer le mental dans le troisième œil, et en répétant les Noms Divins mentalement. Le troisième œil est situé entre les sourcils. En d'autres termes, nous devrions concentrer notre attention au centre des sourcils. Même si aucune lumière n'est visible, nous continuons encore à regarder fixement l'obscurité pendant que nous récitons les Noms Sacrés mentalement.

En concentrant votre attention dans l'œil spirituel, ou le troisième œil, mettez votre conscience dans le canal central de la colonne vertébrale. Mentalement chantez OM dans chaque centre d'énergie, jusqu'au troisième œil ; et puis, dans le plus haut centre d'énergie dénommé, le Golgotha. Alors, chantez OM aussi, en descendant à travers les centres d'énergies spirituelles.

Faites une pause pour un moment, et alors répétez le cycle. Après plusieurs cycles, conclut l'entraînement avec la conscience placée dans le centre du Golgotha, en regardant fixement dans l'œil spirituel. Cette technique anime les centres d'énergie et intériorise les énergies vitales dans les plus hauts centres psychiques de la colonne vertébrale et du cerveau.

Toutes les fois, si la Lumière Divine, l'énergie des éléments ou le pentagramme devient visible, alors nous devrions concentrer notre attention sur cette vision intérieure. Quand l'âme spirituelle réussie à concentrer toutes ses énergies dans le troisième œil, alors, l'esprit abandonnera toutes ses activités. C'est à dire, aucune pensée ne surviendra. Alors, commence les visions intérieures. Les étoiles deviendront visibles, et progressivement le soleil, puis les lunes. Et finalement, les Formes Radiantes des Maîtres Spirituels seront vue dans l'œil spirituel.

La répétition des Noms Divins devrait être faite avec une concentration intense. Pendant la répétition des Noms Divins, il est indispensable qu'aucune pensée ne puisse nous distraire. En faisant ainsi, les membres deviendront insensés quand l'attention s'est retirée d'eux. Plus tard, le tronc et, finalement, tout le corps physique au-dessous des yeux deviendra insensé, quand toutes les énergies vitales et mentales rassembleront au troisième œil. Dans le stade final de cette méditation, le praticien devrait continuer à fermer ses oreilles et son ouverture inférieure qui sont son anus, et il devrait écouter le Son Cosmique qui est sans voyelle et consonne. En faisant ceci, il aura l'accès aux plus hauts royaumes spirituels.

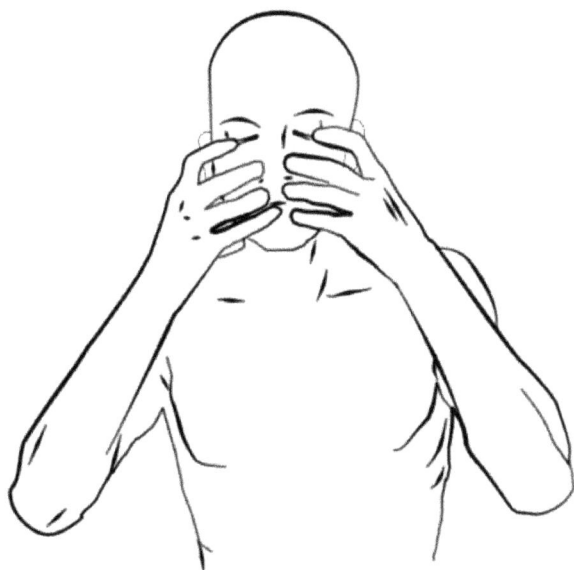

VII

Méditation Sexuelle

La transformation est le secret du Grand Œuvre. L'énergie est essentielle pour notre évolution, intellectuelle et spirituelle. Quand l'énergie est transformée, elle est libérée de son état antérieur, et peut être utilisée pour la poursuite de notre développement.

La force sexuelle qui conduit à la naissance, est aussi celle qui contrôle les changements physiques qui produisent la dissolution et la mort. La force sexuelle gouverne les deux, le commencement et la cessation de nos activités corporelles. Il n'y a pas deux pouvoirs antagonistes, l'un qui fabrique la vie, et l'autre la mort. Il y a seulement un seul pouvoir qui a une manifestation double.

Quand l'homme a atteint la maîtrise de la force sexuelle, il est capable de maintenir son corps physique pendant de nombreuses années au-delà de la portée ordinaire de la vie humaine. En outre, quand l'homme a abouti a la perfection de cette maîtrise, il est capable de désintégrer son corps physique à volonté, et capable aussi de le réintégrer. Pour un tel homme, la mort, comme le monde le connaît, est à bout.

A travers le processus de transformation, l'homme se libère des conditions d'existence physique, et, ce faisant, il devient maître des énergies qui construisent son corps physique. Donc, le même pouvoir qui, quand il a mal compris et mal appliqué produit la maladie et la mort, est le même pouvoir, quand il est correctement le canalisé peut nous mener à éprouver santé perpétuelle et a atteindre l'immortalité physique. Ordinairement, la force sexuelle est utilisée dans la reproduction de l'espèce. Mais, elle peut aussi être appliquée à des fins supérieures. Elle peut être utilisée pour modifier le métabolisme de notre corps afin que nous puissions le renouveler continuellement.

Où, si tel est notre désir, nous pouvons l'utiliser pour changer notre conscience et atteindre la Réalisation de Soi. Comme les grands adeptes qui ont complété le Grand Œuvre, nous pouvons utiliser la force sexuelle pour accélérer notre évolution et connaître le Christ. La première manifestation de la Conscience Cosmique dans la personnalité humaine est appelée «la naissance de l'enfant-Christ." Ainsi, chaque fois que nous nous référons au Christ ou à Yeheshouah comme le Messie, le Réparateur, le Restaurateur ou Réconciliateur, nous n'avons pas à l'esprit aucun personnage historique, mais plutôt, mais plutôt, le principe transcendant et immortel de la Lumière Divine qui est présent dans chacun de nous.

Contrairement à beaucoup d'autres traditions spirituelles, nous ne recommandons pas célibat. Cependant, la méditation sexuelle décrit dans ce chapitre est vraiment une instruction secrète pour la plus haute direction de la force sexuelle. Cette instruction spéciale est toujours réservée pour ceux qui ont démontré leur aptitude à recevoir de telle information et l'utiliser sagement.

La méditation sexuelle nous permet de transférer la force sexuelle dans la colonne vertébrale à travers les sept centres d'énergie dans nos corps physique, vital, astral, mental et causal pendant l'acte sexuel. En fait, la méditation sexuelle permet aux énergies vitales et mentales de pénétrer le canal central avec plus de force que toutes autres méthodes méditatives.

VIII

Technique Pour Sortir A Volonté En Corps Astral

C'est important d'avoir le dos droit, et gardé le cou dans une ligne droite. Alors, visualisez cette course à travers le centre de votre corps qui est le canal central ; sa couleur est bleue. Le canal central ouvre à la couronne de la tête. Le canal ferme quatre doigts au-dessous du nombril, en symbolisant la fermeture de la porte aux royaumes inférieurs. Il est transparent et droit. L'épaisseur du canal est comme une flèche du bambou de la dimension moyenne.

L'intérieur du canal central est complètement vide. Au niveau de votre cœur, visualisez un nœud comme le nœud dans un bâton du bambou. Sur le nœud, visualisez un point vert, très léger, sur lequel est le syllabe rouge HRIH. Le point est léger et est dans vibration constante. Considérez que le point vert léger et la syllabe rouge HRIH sont l'essence de votre conscience.

Alors mentalement dites HRIH et visualisez que le point vert sur lequel est la syllabe rouge HRIH saute de bas en haut du niveau du cœur dans le canal central. Par le cinquième HRIH, il vient au sommet du canal central près de l'ouverture à la couronne de la tête. Alors mentalement dites HIK, et il sort à l'instant du canal central à une distance qui est au-dessus autour de douze pouces de la couronne de votre tête.

Restez pendant quelques temps dans cet état de méditation. Ensuite, visualisez encore votre conscience, le point vert et la syllabe rouge HRIH, descend et entre dans le canal central à travers l'ouverture de la couronne et vient se reposer sur le nœud au niveau du cœur.

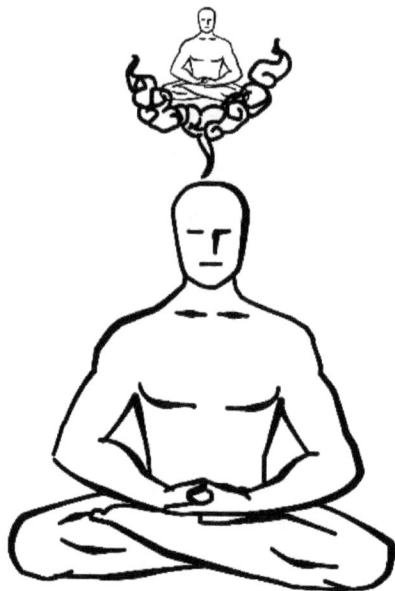

IX

La Nécessité D'un Sanctuaire Personnel

Chacun de nous doit installer dans notre maison un petit sanctuaire. Ce peut être seulement un coin spécial dans notre chambre, mais, il doit être consacré et considéré comme un lieu saint. Dans ce saint lieu, nous devons seulement contempler des pensées pures. Nous devons toujours entrer dans ce lieu sacré, avec révérence. Alors, les vibrations de cette place sacrée seront d'un niveau élevé et, éventuellement, notre temple deviendra un centre de pouvoir radiant.

De ce centre nous pouvons envoyer des bénédictions pour le monde entier. Nous pouvons aussi envoyer des forces curatives à ceux qui ont besoin de la guérison. Dans ce lieu sacré, se concentreront les forces subtiles qui pourraient nous aider à manifester les choses et les conditions nous désirons. Ici, mieux que partout ailleurs, nous serons capables de contacter consciemment les Hiérarchies Spirituelles.

Dans ce Temple, installez un petit autel. Ce peut être seulement une table, mais sur lui vous pouvez arranger tous vos matériaux. Ce sera un autel pour la Lumière Divine. Et, il y a des raisons profondément occultes, pour lesquelles ce sanctuaire deviendra réellement un vaisseau, un centre de concentration d'énergies spirituelles.

Il serait une bonne chose, d'accrocher au-dessus de l'autel une image qui est l'expression de notre conception, une représentation de ce qui est le plus beau et le plus meilleur. Il peut être une image de la Vierge Noire, ou d'un maître de la Sagesse. Mais, il peut être aussi une belle scène dans une peinture de paysage. Faites votre sélection d'après vos propres préférences personnelles. Il n'a pas besoin d'être une "image sacrée" dans un sens conventionnel.

Montrez votre révérence à la Divinité quotidiennement par des prières, et des offrandes de fleurs ou de l'encens sur l'autel, au-dessous de l'image. Si c'est impraticable, mettez quelque chose précieuse sur l'autel, un objet d'une valeur considérable. Que ce soit l'endroit où nous avons vraiment quelque chose de valeur. Cet endroit, nous rappellerons toujours que toutes les bonnes choses viennent de la Divinité. Que notre sanctuaire soit ordinaire et simple, ou bien décoré, rappelons-nous que son principal objectif est d'établir un emplacement physique précis, qui agira comme un point focal pour les pouvoirs cosmiques que nous sommes en train d'apprendre à utiliser.

Certains individus, dont leur tempérament n'est pas naturellement attiré à des pratiques cérémonielles, ne considéreront pas cette méthode sérieusement. Toutefois, ils pensent qu'ils peuvent toujours trouver le Centre du Soi à l'intérieur, peu importe où ils peuvent être. C'est bien sûr, parfaitement vrai. Pourtant, l'expérience des millénaires est à l'origine de cette idée d'un lieu, d'un sanctuaire mis à part pour le travail spirituel et de la méditation. Les forces cosmiques se rassemblent naturellement dans une telle place. Ainsi, il sera plus facile pour eux d'entrer rapidement dans l'état d'esprit nécessaire pour l'entraînement occulte. Ainsi, nous conseillons vivement à tous d'examiner cette proposition et de l'exécuter au mieux de votre capacité. Vous serez alors en mesure de vérifier expérimentalement la valeur de cette pratique.

X

Alignement Avec Les Forces Pures

Tous les Pouvoirs attribués à toutes les Déesses sont des pouvoirs réels du subconscient. Sous la déguise des Déesses, le sacerdoce des temps anciens a dissimulé leur connaissance concernant les facultés du subconscient. Donc, les Déesses sont simplement des représentations ou personnifications des pouvoirs occultes du subconscient.

Toutes les différentes méthodes employées par les mystiques et occultistes, tel que les rituels, les invocations, les techniques de respiration profonde, la récitation du mantra, la contemplation, la méditation sexuelle, et l'entraînement du Tarot, sont des procédés efficaces qui permettent aux mystiques et occultistes de réaliser l'objectif du Grand Œuvre. Ces méthodes engendrent en nous une maitrise de soi, et nous donnent accès à des connaissances occultes et aux pouvoirs cachés du subconscient.

Le subconscient est comme un sol fertile, et il manifestera toute forme-pensée qui est plantée en lui. Les pouvoirs du subconscient peuvent être dirigés à travers l'autosuggestion. Donc, on doit être extrêmement prudent quand on fait l'usage de l'aspect conscient du mental, parce que notre existence et notre expérience seront directement déterminées par les types de pensées que nous sommes en train de planter dans le subconscient. L'entraînement spirituel reformera progressivement notre attitude et notre façon de pensées, et ce changement de mentalité sera reflété dans tous les aspects de notre vie.

Quand un rituel est correctement exécuté, le kabbaliste s'aligne naturellement avec les Forces Évolutionnaires et les Êtres de Lumière. Donc, à travers les rituels, nous sommes capables d'utiliser cette liaison pour mettre à notre disposition les Energies Spirituelles aux fins d'intensifier et hâter notre propre élévation spirituelle, et aussi pour contrôler les parties inexploitées de notre subconscient. L'impact dramatique d'un rituel sur le subconscient détruit automatiquement la résistance des vieilles habitudes négatives, et nous permet de coopérer délibérément avec les Lois Cosmiques.

La substance réelle de tous les phénomènes perceptible aux sens humains est l'énergie mentale qui travaille au niveau du subconscient. Nous sommes tous interconnectés et nous partageons cette substance réelle de l'univers avec toute la création. Nos pensées, nos paroles et actions sont enregistrés dans notre subconscient, mais en même temps, ils influencent notre propre existence. De plus, ils influencent l'Energie Primordiale, et de ce fait tout l'univers est aussi influencé par nos pensées, nos paroles et actions.

Quand le kabbaliste est parfaitement aligné et est en accord avec le Mental Universel, l'Énergie Primordiale de l'Univers circule constamment à travers lui, et de ce fait, il devient le maître de tous les pouvoirs occultes. Il devient un vaisseau, aussi bien qu'un Agent pour le Plan Divin. La transformation spirituelle est accomplie à travers l'entraînement des exercices psychiques et non pas à travers l'étude ou l'accumulation de connaissance intellectuelle.

Pour le kabbaliste qui cherche à abandonner l'illusion de séparation, et s'unir avec à le Mental Universel, le commandement de se lier avec le Créateur est réalisé à travers la performance de rituels théurgiques. Ces rituels sont conçus pour purifier le subconscient du kabbaliste afin qu'il peut devenir intuitivement informé de l'omniprésence du Créateur et les mécanismes de la Loi Divine.

Quand toutes les négativités ont été enlevées de notre subconscient à travers les rituels et la circulation interrompue de la Lumière Divine, alors nous serons capables de manifester la Conscience Cosmique et l'Energie Primordiale à travers notre propre cerveau et corps physique. À travers notre subconscient nous avons l'accès aux pouvoirs illimités du Mental Universel. Quand nous apprenons comment utiliser ces pouvoirs qui sont déjà à notre disposition, nous pouvons consciemment façonner l'Energie Primordiale de l'Univers.

À travers certains processus tout essentiellement subconscient, la pensée de Dieu subit des changements qui finalement se manifestent comme des objets visibles et tangibles. Néanmoins, ces objets sont des choses réelles. Ce que nous disons au sujet de la nature essentielle des objets physiques n'est en aucune façon une dénégation de leur réalité. Mais, il est important de savoir que leur matière originale ou substance mentale peuvent être façonnées consciemment à travers les formes-pensées.

XI

La Théurgie :
Créer Mentalement et par l'Usage Du Mot Parlé

Lorsque les occultistes veulent provoquer certains changements ou apporter certaines modifications à cette création, ils exécutent des rituels secrets pour atteindre le but souhaité. Il existe trois méthodes spécifiques en théurgie.

La première méthode peut être appliquée par tous ceux qui ont accès à ces rituels. Grâce à cette méthode, les occultistes invoquer de bons et de mauvais anges, et en utilisant les mots sacrés appropriés, ils les obligent à faire leur volonté. Il n'est pas vraiment difficile à prendre contact avec ces entités. En fait, la simple récitation d'un nom angélique correspond à une invocation. Il est dit, que les anges sont facilement excités quand ils sont invoqués par les êtres humains.

Toutefois, dans ce chapitre, nous allons nous concentrer uniquement sur la deuxième méthode. Cette méthode est préférée par les occultistes avancés, les adeptes et les maîtres ésotériques. Afin de manifester n'importe quel objectif désiré, le maître spirituel doit tout d'abord, concentrer son intellect pour créer une forme-pensée d'une réalité alternative. Subséquemment, cette forme-pensée est canalisée dans la puissance de la Parole. Subséquemment, cette forme-pensée est canalisée dans la puissance de la Parole. Une fois, que l'énergie du Son est activée, un changement dans le monde physique a eu lieu au niveau subatomique.

Ordinairement, les formes-pensées sont précipitées progressivement, et elles arrivent à une expression physique qu'à travers une série de transformations subtiles, si légères que nous ne pouvons pas les discerner. Ceux qui sont des experts dans cette Pratique comme les Adeptes et les Maîtres Ésotériques, sont capables d'accélérer cette série de transformations afin que leurs formes-pensées puissent être manifestées presque instantanément comme des réalités physiques.

Le Mental Universel est sensible à nos pensées et à nos émotions. Par conséquent, nous avons à notre disposition une méthode adéquate pour agir sur le Mental Cosmique et créer la cause nécessaire pour accomplir notre souhait ou l'effet désiré.

Si la nature de l'univers est vraiment mentale, alors, seulement par la pensée que l'homme peut transformer ou changer les circonstances, les conditions, et les évènements dans l'univers.

Les empreintes de tous les phénomènes sont des formes-pensées. Que ces formes-pensées ont été générées par le Mental Universel ou par un mental individuel, elles sont néanmoins, le centre même de toutes les manifestations physiques. Donc, les formes-pensées sont les vaisseaux à travers lesquels les énergies cosmiques circulent et de là, elles rayonnent extérieurement et se manifestent comme des choses ou des conditions matérielles.

Nous pouvons être incapables de tracer le rapport causal qui existe entre les formes-pensées que nous avons contenues dans le passé et les conditions que nous éprouvons actuellement. Mais, le fait est que nos circonstances présentes sont l'effet de nos formes-pensées.

Nos conditions actuelles sont la réponse du subconscient à nos formes-pensées. De la même façon, le futur sera la manifestation de nos formes-pensées. Les formes-pensées sont des matrices nécessaires pour modifier les conditions physiques. Si nous voulons des conditions différentes dans le monde matériel, alors nous devons changer nos formes-pensées.

Comme nous avons déjà énoncé, les formes-pensées doivent être très spécifiques. En outre, le but désiré doit être regardé comme une réalité présente et tangible. Si la forme-pensée est tenue ferme dans l'esprit, alors elle a la capacité de se manifester. Une forme-pensée est un vaisseau pour les énergies spirituelles de se manifester.

C'est à travers le bon usage de l'imagination que la volonté peut manœuvrer l'énergie mentale pour modifier la nature et les évènements. La forme-pensée ne restera pas toujours une simple forme-pensée. Avec le temps, elle se transformera en une réalité tangible.

En conséquence, basé sur une compréhension des principes universels, les théurgistes savent fort bien que tous les phénomènes sont le résultat des forces internes - les formes-pensées, les énergies transmuées, ou les mérites spirituels - qui agissent et s'expulsent extérieurement. Si vous ne comprenez pas, que tout dérive de la pensée, ce ne sera pas possible pour vous de changer les événements, d'accomplir vos désirs, et d'exercer une influence sur les gens et les phénomènes.

Le processus d'engendrer des événements consiste à créer une forme-pensée des choses qui existent déjà dans l'univers, et de les attirer à nous. Garder toujours dans l'esprit que les formes-pensées sont des causes, et que les conditions externes et les phénomènes sont leurs effets. Toutes les réalités sont des manifestations de la pensée.

Il ne suffit pas que nous comprenions les principes et les lois universelles. Afin d'obtenir les résultats désirés, nous devons les appliquer. Cependant, notre compréhension et l'application des ces principes, ne garantit pas que nous allons accomplir instantanément notre objectif. Parfois, nous devons persister à verser l'énergie dans la forme-pensée. Nous devons persévérer dans l'accomplissement des rituels à plusieurs reprises afin de gagner ce qui est demandé.

Comme une disposition générale, nous devons dire verbalement ce que nous voulons à notre subconscient, et ensuite faire une image mentale ou une forme-pensée aussi claire et concrète que possible de la fin désirée.

Finalement, à travers une bonne compréhension et l'application adéquate de tous les principes cosmiques, chacun de nous deviendra le roi et le maître de l'univers. En conséquence, chacun de nous gouvernera aussi ici-bas comme un dieu. Pour accélérer notre développement spirituel, il est extrêmement essentiel que nous appliquions ces principes quotidiennement.

Selon le principe de la transmutation, pour détruire un état ou un taux indésirable de vibration, nous devons nous concentrer sur le pôle opposé à cela que nous désirons changer. Par exemple, pour convertir la pauvreté, nous devrions focaliser notre énergie entière sur la richesse matérielle, qui est l'opposé. Ainsi, nous devons formuler une forme-pensée d'une réalité alternative, qui est le modèle de cela qui, nous souhaitons introduire dans la manifestation matérielle, qui est dans ce cas la prospérité.

Toute forme, qu'elle soit composée d'une matière grosse ou subtile est simplement une concentration d'énergie mentale. Nous sommes tous des créateurs. Cependant, nous devons porter toujours dans l'esprit que tout doit être d'abord crée dans le monde invisible. Et ensuite, à travers l'agence de la parole, la forme pensée se manifestera sur le plan physique ou matériel. En d'autres termes, nous devons créer mentalement (imagination) et par l'usage adéquat du mot parlé (mantra).

La pratique est comme suit :

Comme Une Terre Altérée

Comme une terre altérée
Soupire après l'eau du ciel,
Nous appelons la rosée
De ta grâce, Emmanuel!

Refrain
Fraîches rosées,
Descendez sur nous tous!
O divines ondées,
Venez, arrosez-nous !

Descends, ô pluie abondante,
Coule à flots dans notre cœur,
Donne à l'âme languissante
Une nouvelle fraîcheur!

Ne laisse en nous rien d'aride
Qui ne soit fertilisé;
Que le cœur le plus avide
Soit pleinement arrosé!

Oui, que les déserts fleurissent
Sous tes bienfaisantes eaux;
Que les lieux secs reverdissent
Et portent des fruits nouveaux!

Viens, ô salutaire pluie,
Esprit de grâce et de paix!
Répands en nous une vie
Qui ne tarisse jamais!

La Grande Prière Majeure De Belkis
Et De Salomon

O Seigneur ! Ecoute-moi !
Seigneur l'Eternel, Seigneur l'Infini, Seigneur l'Unique !
Dieu de Force, Dieu de Justice, Dieu d'Amour !
Aide-moi !
Toi qui est Flamme ! Toi qui est Feu ! Toi qui est Lumière !
Protège-moi !
Je crois en Toi, Substance spirituelle et éternelle, Etre parfait, ingénéré, immuable, qui est sans commencement, sans milieu et sans fin, et qui s'engendre éternellement soi-même !
Je crois en Toi, Architecte sublime, qui par l'effet de Ta volonté, a tiré du néant ce splendide Univers !
Je crois en Toi, Axe et Pole du Cosmos, Infini, Eternel, Incréé, Phallus érigé, Sperme fécondant, Matrice frutescente !
Je crois en Toi, Cause originelle et permanente de toute chose, dont la Droite crée pour détruire et dont la Gauche détruit pour créer !
Je crois en Toi, Ame et Stabilisateur des Mondes, dont la divine providence règle le jeu constant de la Nature et en entretient la vie !

Je crois en Toi, Appui et Moteur universel, dont l'action va de l'infinitésimal Atome à la Planète suspendue dans l'Ether !

Je crois en Toi, Seigneur ! Seigneur des Êtres et des Non-Êtres et des Entités des Trois Mondes, Père et Mère de toutes les créatures que Ta prévoyante sollicitude a pourvues d'une organisation et d'un instinct conformes à leurs fins et marquées au coin de la plus admirable Sagesse !

Je crois en Toi, Source inépuisable de Vie et d'Intelligence qui a bien voulu donner à l'Homme la Raison, cette parcelle de Toi-même, qui lui permet, O Invisible, de Te voir partout ; O Impalpable, de te sentir en tous lieux ; O Muet, de reconnaître Ta voix dans la grandiose Harmonie de l'Univers !

Car, O Seigneur, quoique Tu ne sois Rien, Tu es Tout : Tout ce qui a été, et Tout ce qui n'a jamais été ; Tout ce qui est, et tout ce qui n'est pas ; Tout ce qui sera, et Tout ce qui ne sera jamais !

Tu es la Vie, et Tu es la Mort !

Tu es le Vide, et Tu es le Plein !

Tu es l'Obscurité, et Tu es la Lumière !

Tu es le Silence, et Tu es le Bruit !

On Te trouve au-dedans et au-dehors, au-dessus et au-dessous, au centre et a la périphérie.

Tu enveloppes l'Infini, et l'Infini est rempli de Toi !

Tu embrasses et contiens le Tout, car Tout est tiré de Ton essence, et ainsi Tout est en Toi : le Passé, le Présent, le Futur !

Tu es le Tout qui est Un, et l'Un qui est Tout, termes qui se résument en un seul mot, et ce mot ne se trouve que dans le silence. Amen !

Mantra Récitation

Maintenant, entonner trois fois, le mantra « AOM » en ouvrant bien la bouche pour le A, l'arrondissant pour le O et la refermant pour le M ; on prolongera le son de chaque lettre et on prononcera ce mantra trois fois. AOM ! AOM ! AOM !

Imagination Créative

Puis, créer une forme-pensée de l'objectif désiré.

Récitation du mantra

Alors, le mantra est continuellement répété, et après chaque cycle est complété, les énergies spirituelles accumulées sont dirigées vers la réalisation de l'objectif souhaité.

Dédicace

Verbalement, déclarez spécifiquement que tous les mérites spirituels qui ont été accumulés au moyen de la pratique de la récitation du mantra sont dédiés ou consacrés uniquement vers l'accomplissement de l'objectif désiré. Terminer votre déclaration verbale, en disant : Qu'il en soit ainsi! Tout est accompli! Amen!

Transmutation

Nous avons indiqué ci-dessus, que toutes les énergies accumulées par la pratique de la Récitation du mantra doivent être orientées vers la réalisation de l'objectif souhaité. Mais, quelle est l'origine de toutes ces énergies? Quel est le but de la pratique de la récitation du mantra ? La réponse est assez simple, transmutation. Grâce à cette pratique, nous sommes en mesure de transformer l'énergie sexuelle en énergie spirituelle. L'énergie sexuelle est la matière première nécessaire à la procréation, ainsi que dans la création. À travers le rapport érotique, la force sexuelle descend et coule vers l'extérieur en vue de procréer. Alors que, à travers la pratique de la récitation du mantra, la force sexuelle se dirige vers le haut et vers l'intérieur à travers le canal central de la colonne vertébrale dans l'œil spirituel.

Par la pratique de la récitation du mantra, nous nous mettons en harmonie avec la source même du mantra. Ainsi, pendant la répétition constante du mantra, un flux de courant divin descend de la source d'où il s'émane, à travers le praticien. Ce courant divin se fusionne naturellement avec la force sexuelle, et cette union produit, ce que nous avons référé ou dénommé sous le nom « les énergies spirituelles » ou « les mérites spirituels. » Ces mérites spirituels ou énergies spirituelles sont aussi connus également comme les « Siddhis. » Ces Siddhis peuvent être utilisées pour atteindre des objectifs tangibles. Si elles ne sont pas utilisées à cet effet, alors, elles permettent au praticien d'accéder à des états de conscience supérieurs. Mais, dans ce manuscrit, nous allons nous concentrer uniquement sur la manière dont ces énergies peuvent être dirigées uniquement pour la réalisation des objectifs matériels.

Ainsi, la conservation de l'énergie sexuelle est essentielle, car elle est la matière primordiale nécessaire pour le Grand Œuvre. Même si l'on pratique la récitation du mantra tout le temps, si nous ne préservons pas la substance créatrice, nous ne pourrons pas générer des énergies spirituelles. Nous ne pouvons pas créer de l'énergie, mais nous pouvons transformer une forme d'énergie en une autre.

Conservation

La technique pour préserver la force vitale est la suivante. Quand l'orgasme est proche, nous devons retirer notre pénétration du vagin à temps pour éviter l'éjaculation séminale. Pendant que nous sommes on dehors du vagin, nous devons contracter les muscles du sphincter, et faire une serrure du menton. Aussi, nous devons sentir que la force sexuelle se déplace du périnée à travers la colonne vertébrale, et elle s'enveloppe autour de chacun des sept centres d'énergie successivement, quand elle les atteint. Quand l'énergie arrive jusqu' à le troisième œil qui est situé entre les sourcils, nous devons permettre l'énergie de circuler là pour un moment. Après, nous devons lâcher l'anal et la clé du menton, et lentement expirer le souffle. Après un certain temps, nous devons réinsérer le pénis dans le vagin, même si l'érection a fléchi. Encore, quand l'éjaculation approche, nous devons nous retirer de l'acte sexuel sans répandre notre sperme. Nous devons répéter plusieurs fois ce processus.

XII

La Théurgie : Invocation Des Anges

Comme Une Terre Altérée

Comme une terre altérée
Soupire après l'eau du ciel,
Nous appelons la rosée
De ta grâce, Emmanuel!

Refrain
Fraîches rosées,
Descendez sur nous tous!
O divines ondées,
Venez, arrosez-nous !

Descends, ô pluie abondante,
Coule à flots dans notre cœur,
Donne à l'âme languissante
Une nouvelle fraîcheur!

Ne laisse en nous rien d'aride
Qui ne soit fertilisé;
Que le cœur le plus avide
Soit pleinement arrosé!

Oui, que les déserts fleurissent
Sous tes bienfaisantes eaux;
Que les lieux secs reverdissent
Et portent des fruits nouveaux!

Viens, ô salutaire pluie,
Esprit de grâce et de paix!
Répands en nous une vie
Qui ne tarisse jamais!

Ouverture Des Travaux

Qu'El Shaddaï, le Dieu d' Israël, soit béni à jamais,
d'éternité en éternité. Amen! Amen! Amen!

Qu'El Elohim, le Dieu d' Israël, soit béni à jamais,
d'éternité en éternité. Amen! Amen! Amen!

Qu'El Adonaï, le Dieu d' Israël, soit béni à jamais,
d'éternité en éternité. Amen! Amen! Amen!

Que les Vingt-deux Noms très Saints donnés à Adonai :
Elohim Eheieh, Elohim Bachour, Elohim Gadol, Elohim
Dagoul, Elohim Hadour, Elohim Vesio, Elohim Zakaï,
Elohim Choesed, Elohim Theor, Elohim Iah, Elohim
Kabir, Elohim Limmud, Elohim Maborak, Elohim Nora,
Elohim Somek, Elohim Hazaz, Elohim Phodeh, Elohim
Tzedek, Elohim Kadosh, Elohim Rodeh, Elohim Shadaï,
Elohim Teguina, soient bénis à jamais, d'éternité en
éternité. Amen! Amen! Amen!

Un Hymne De Louange Au Seigneur

Adonaï a crée la terre par Sa Puissance (Keter), et Il l'a
préservée par Sa Sagesse (Chokmah) et Il a étendu les
cieux par Son Intelligence (Binah). A sa voix, il y a le
tonnerre dans les cieux. Il fait monter les nuages des
extrémités de la terre. Il produit les éclairs et la pluie,

et Il tire le vent de ses trésors. Comparé à lui, tous les gens sont stupides et n'ont aucune connaissance du tout. Ils font des idoles, mais les idoles discréditeront leurs constructeurs, car elles ne sont que des mensonges. Il n'y a point de vie ou de pouvoir en ces fétiches. Les idoles sont sans valeur, elles sont des mensonges! Le temps viendra où elles seront toutes détruites. Mais, Adonaï Tzébaoth, le Dieu d'Israël n'est pas une idole! Il est le Créateur de tout ce qui existe, y compris son peuple, sa propre possession. El Shaddaï est Son Nom.

Lavage Des Mains

Prendre un vaisseau rempli de l'eau dans la main droite, et le passer ensuite à la main gauche. Verser de l'eau sur la main droite, et puis passer le vaisseau dans la main droite. Maintenant, verser de l'eau sur la gauche. Répéter cette procédure jusqu'à ce que chaque main ait été lavée trois fois. Après avoir lavé les mains, réciter l'oraison suivante :

Par cette action symbolique, j'accepte la responsabilité de m'associer avec les puissances de la Lumière pour le but de construire le Temple Sacré Intérieur. Par la Grâce de Adonaï, et par mon propre effort, je me purifierai de toutes les profanations. Qu'il en soit ainsi. Amen. Amen. Amen.

Dieu De Tout-Puissant

Dieu Tout-Puissant
Dieu de bonté
Dieu d'équité

Sur tes enfants
Quelques instants
Daigne jeter un regard de pitié.

Nous verrons Grand Dieu
En ce saint lieu
Pour implorer ta sage majesté
Nous nous prosternons
Et nous jurons
De vivre en paix et dans l'humanité.

Elevons nos voix
Nos humbles vœux
Pour mériter un regard paternel
Prosternons-nous
A ses genoux
Et priez tous au pied de l'Eternel.

En ce saint lieu
Nos chants d'amour
Nos Cantiques s'élèvent jusqu'à toi
En ce ciel pur
D'or et d'azur
Nous recherchons ce qui vive ta Loi.

Intention Mystique

Adonaï, Maître de l'Univers, je suis prêt à faire de mon
corps physique un Vaisseau pour la Lumière Divine,
pour le bien de la réunification du Sacré Absolu,
Bienheureux Soit-il, et Sa Présence Divine, avec la
vénération et l'amour, et avec l'amour et la vénération,
pour unifier les lettres "Yod Hé" avec "Vau Hé" dans
une unité parfaite, au nom de tout l'Israël. Qu'il en soit
ainsi. Amen. Amen. Amen.

Allumage De La Flamme Divine

Le kabbaliste allume une bougie ordinaire. Puis, il allume la bougie centrale à la flamme de la bougie ordinaire. Ce faisant, il fait une croix kabbalistique sur la bougie allumée, et il dit:

Dieu Tout-Puissant, Lumière Inextinguible, créateur de toutes Clartés, daignez sanctifier cette Flamme nouvelle et faites que nous puissions, nos Ames définitivement purifiées, parvenir à travers la sombre Nuit de ce Monde jusqu'au Séjour de la Lumière Eternelle. Par le Christ Notre Seigneur. Ainsi soit-il.

Dieu De Paix Et D'amour

Dieu de paix et d'amour,
Lumière de lumière,
Verbe dont les splendeurs éblouissent les cieux,
Je t'adore caché sous l'ombre du mystère,
Qui te voile à mes yeux,
Qui te voile à mes yeux.

Refrain
Ah! Qui me donnera des paroles ardentes,
Des paroles du ciel, une langue de feu,
Une angélique voix et des lèvres brûlantes
Pour te bénir, mon Dieu!
Pour te bénir, mon Dieu!

Que ne puis-je habiter toujours en ta présence,
Comme le Séraphin qui te contemple au ciel!
Comme la lampe d'or qui, la nuit, se balance
Devant ton saint autel!

Devant ton saint autel!

Enlève-moi, mon Dieu, de la terre où l'on pleure,
Montre-moi ta beauté, cache-moi dans ton sein:
Les siècles, pour t'aimer, les siècles sont une heure,
Mais une heure sans fin!
Mais une heure sans fin!

En Allumant le Feu de l'Encensoir

Dieu Éternel, Lumière et Feu Inextinguible, daignez sanctifier et décupler la puissance de ce nouveau foyer élémentaire. Faites en sorte, Seigneur, qu'il soit sur cet autel comme fut pour votre serviteur Moïse le Buisson Ardent au Rocher d'Horeb : avec Votre Révélation, le signe de Votre Amour. Par le Christ Notre Seigneur. Ainsi soit-il.

Puis, il dépose un peu de l'Encens sur les braises de l'encensoir, et ensuite, il récite l'Invocation suivante :

O Adonaï, que cet encens que je t'offre, soit une image véritable de la pureté de ma parole et de mon intention, pour Ta plus grande Gloire et Justice. Par Yehshouah, notre Seigneur. Amen ! Amen ! Amen !

Salutation Mystique

Alors, on se tient debout face à l'Est, et en pointant le poignard au-dessus et regardant vers le haut, vibrer la séquence Yod Hé Vau.

Puis, en regardant fixement vers le bas et en pointant le poignard vers le sol, vibrez la séquence « Yod Vau Hé.

Alors, en faisant face à l'est vibrer la séquence « Hé Yod Vau.

Alors, en faisant face à l'ouest vibre la séquence « Hé Vau Yod.

Puis, face au nord, vibrer la séquence Vau Hé Yod.

Après, faisant face au Sud, vibrer la séquence Vau Yod Hé.

Encore une fois, face à l'est et vibrer la séquence Yod trois fois, utilisé l'ampleur pleine de votre souffle.

Jérémie 1

Paroles de Jérémie, fils de Hilkija, l'un des sacrificateurs d'Anathoth, dans le pays de Benjamin.

La parole d'Adonaï lui fut adressée au temps de Josias, fils d'Amon, roi de Juda, la treizième année de son règne,

Et au temps de Joakim, fils de Josias, roi de Juda, jusqu'à la fin de la onzième année de Sédécias, fils de Josias, roi de Juda, jusqu'à l'époque où Jérusalem fut emmenée en captivité, au cinquième mois.

La parole d'Adonaï me fut adressée, en ces mots:

Avant que je t'ai formé dans le ventre de ta mère, je te connaissais, et avant que tu fusses sorti de son sein, je t'avais consacré, je t'avais établi prophète des nations.

Je répondis: Ah! Seigneur, Adonaï! Voici, je ne sais point parler, car je suis un enfant.

Et Adonaï me dit, ne dis pas: Je suis un enfant. Car tu iras vers tous ceux auprès de qui je t'enverrai, et tu diras tout ce que je t'ordonnerai.

Ne les crains point, car je suis avec toi pour te délivrer, dit Adonaï.

Puis Adonaï étendit sa main, et toucha ma bouche; et Adonaï me dit: Voici, je mets mes paroles dans ta bouche.

Regarde, je t'établis aujourd'hui sur les nations et sur les royaumes, pour que tu arraches et que tu détruises, pour que tu ruines et que tu détruises, pour que tu bâtisses et que tu plantes.

La parole d'Adonaï me fut adressée, en ces mots: Que vois-tu, Jérémie? Je répondis: Je vois une branche d'amandier.

Et Adonaï me dit: Tu as bien vu; car je veille sur ma parole, pour l'exécuter.

La parole d'Adonaï me fut adressée une seconde fois, en ces mots: Que vois-tu? Je répondis: Je vois une chaudière bouillante, du côté du Septentrion.

Et Adonaï me dit: C'est du Septentrion que la calamité se répandra sur tous les habitants du pays.

Car voici, je vais appeler tous les peuples des royaumes du Septentrion, dit Adonaï; ils viendront, et placeront chacun leur siège à l'entrée des portes de Jérusalem, contre ses murailles tout alentour, et contre toutes les villes de Juda.

Je prononcerai mes jugements contre eux, à cause de toute leur méchanceté, parce qu'ils m'ont abandonné et ont offert de l'encens à d'autres dieux, et parce qu'ils se sont prosternés devant l'ouvrage de leurs mains.

Et toi, ceins tes reins, lève-toi, et dis-leur tout ce que je t'ordonnerai. Ne tremble pas en leur présence, de peur que je ne te fasse trembler devant eux.

Voici, je t'établis en ce jour sur tout le pays comme une ville forte, une colonne de fer et un mur d'airain, contre les rois de Juda, contre ses chefs, contre ses sacrificateurs, et contre le peuple du pays.

Ils te feront la guerre, mais ils ne te vaincront pas; car je suis avec toi pour te délivrer, dit Adonaï. Amen ! Amen ! Amen !

J'entends Ta Douce Voix

J'entends ta douce voix,
Jésus, je viens à toi.
Je viens, ô Sauveur, lave-moi
Dans le sang de ta Croix!

Refrain
Jésus, Roi des rois,
Qui mourus pour moi,
Je veux mourir avec toi,
Avec toi sur la croix

J'entends ta douce voix,
Qui me dit: Crois en moi!
Je crois, Seigneur, soutiens ma foi,
Tiens-moi près de ta croix.

J'entends ta douce voix,
Elle pénètre en moi
Et me dit d'aimer comme toi
De l'amour de la Croix!

J'entends ta douce voix,
Toi qui mourus pour moi.
Seigneur, que je m'unisse à toi
Dans ta mort, par la foi!

Psaume 1

Heureux l'homme qui ne marche pas selon le conseil des méchants, qui ne s'arrête pas sur la voie des pécheurs, et qui ne s'assied pas en compagnie des moqueurs,

Mais qui trouve son plaisir dans la Loi de Jéhovah, et qui la médite jour et nuit!

Il est comme un arbre planté près d'un courant d'eau, qui donne son fruit en sa saison, et dont le feuillage ne se flétrit point: Tout ce qu'il fait lui réussit.

Il n'en est pas ainsi des méchants: Ils sont comme la paille que le vent dissipe.

C'est pourquoi les méchants ne résistent pas au jour du jugement, ni les pécheurs dans l'assemblée des justes;

Car Jéhovah connaît la voie des justes, et la voie des pécheurs mène à la ruine. Amen! Amen! Amen!

Zacharie 3

Il me fit voir Josué, le souverain sacrificateur, debout devant l'ange de Jéhovah, et Shaïtan qui se tenait à sa droite pour l'accuser.

Jéhovah dit à Satan: Qu'Adonaï, le Dieu des Armées te réprime, Satan! Qu'Adonaï, te réprime, lui qui a choisi Jérusalem! N'est-ce pas là un flambeau arraché du feu?

Or Josué était couvert de vêtements sales, et il se tenait debout devant l'ange.

L'Ange, prenant la parole, dit à ceux qui étaient devant lui: Otez-lui les vêtements sales! Puis il dit à Josué: Vois, je t'enlève ton iniquité, et je te revêts d'habits de fête.

Je dis: Qu'on mette sur sa tête un turban pur! Et ils mirent un turban pur sur sa tête, et ils lui mirent des vêtements. L'ange de Jéhovah était là.

L'Archange Métatron fit à Josué cette déclaration: Ainsi parle Adonaï, le Dieu des Armées: Si tu marches dans mes voies et si tu observes mes ordres, tu jugeras ma maison et tu garderas mes parvis, et je te donnerai libre accès parmi ceux qui sont ici.

Écoute donc, Josué, souverain sacrificateur, toi et tes compagnons qui sont assis devant toi! Car ce sont des hommes qui serviront de signes. Voici, je ferai venir mon serviteur, le germe.

Car voici, pour ce qui est de la pierre que j'ai placée devant Josué, il y a sept yeux sur cette seule pierre; voici, je graverai moi-même ce qui doit y être gravé, dit Adonaï, le Dieu des Armées; et j'enlèverai l'iniquité de ce pays, en un jour.

En ce jour-là, dit Adonaï, le Dieu des Armées, vous vous inviterez les uns les autres sous la vigne et sous le figuier. Amen ! Amen ! Amen !

Une Invocation pour Neutraliser les Pouvoirs de Sévérité (Justice)

Que ce soit Votre Volonté, Jéhovah, mon Dieu et Dieu de mes ancêtres, que vous envoyez une abondance de votre Feu Spirituel et de votre Lumière Divine de Havaya de AB qui habite au niveau de Notzer Hesed, dans la Barbe de Arikh Anpin, pour neutraliser le pouvoir de Ehyeh de Heyhin avec ses dix lettres, aussi bien, que pour neutraliser les Noms Elohim et Adonaï et leurs neuf lettres ; également, pour neutraliser Elohim de Alphin, autant bien, que pour neutraliser les Shakh et les Par jugements de Zoon, c'est à dire, Zeir Anpin et Nukva de Zeir Anpin.

Jetez dans la mer, tous nos péchés et tous les destructeurs qui ont été créés par nos mains. Empêchez-les de se nourrir des Noms Sacrés de Adonaï et Elohim. Par le pouvoir du treizième attribut de la Barbe de Arikh Anpin, VNakay qui égale 161, qui sont aussi la valeur de Ehyeh de Yodin qui est aussi le nombre de Allaphim, qui est aussi le nombre de Adonaï et Elohim avec leurs neuf lettres, plus le collel; que toutes les âmes et de toutes les étincelles de Sainteté se lèvent, ceux qui ont été dispersées dans la souillé par nos mains.

HABU! Donnez-nous un aperçu de notre héritage divin. Restaurez ces âmes et ces étincelles de sainteté, comme elles étaient au commencement, immaculé de tout mal. Par la puissance du double Élohim avec ses dix lettres, qui est équivaut à Jacob, purifier nos âmes de toutes les puissances ténébreuses, afin qu'elles ne nous fassent pas du mal en s'accrochant à nos prières, ou à notre étude de la Torah. Car elles viennent en avant pour nous accuser, pour se lever contre nous, et nous couper de même comme le sont les méchants.

Par le pouvoir du Nom sacré qui vient du vers "et Jéhovah a dit à Shaïtan, Jéhovah vous réprimande, exterminez, totalement jetez la force de nos accusateurs de leurs camps mauvais, grand et petit. Qu'ils soient comme la paille dans le vent, avec l'esprit de Jéhovah qui les pousse. Que les mots qui sortent de ma bouche et les pensées de mon cœur soyez acceptable devant vous, Jéhovah, mon Rocher et mon Rédempteur. Et que la beauté de Jéhovah, notre Dieu soit sur nous, et qu'il établit le travail de nos mains sur nous-mêmes; prospérer l'œuvre de nos mains.

Dieu Tout-Puissant

Dieu tout-puissant, quand mon cœur considère,
Tout l'univers créé par ton pouvoir:
Le ciel d'azur, les éclairs, le tonnerre,
Le clair matin ou les ombres du soir,

Refrain
De tout mon être alors s'élève un chant :
Dieu tout-puissant que Tu es grand! (2x)

Quand par les bois, où la forêt profonde
J'erre et j'entends tous les oiseaux chanter,
Quand sur les monts, la source avec son onde
Livre au zéphyr, son chant doux et léger

Refrain
Mon cœur heureux s'écrit à chaque instant:
O Dieu d'amour que Tu es grand! (2x)

Mais quand je songe, ô sublime mystère
Qu'un Dieu si grand a pu penser à moi,
Que son cher Fils est devenu mon frère
Et que je suis l'héritier du grand Roi,

Refrain
Alors mon cœur redit la nuit le jour:
Que tu es bon, ô Dieu d'amour! (2x)

Quand mon sauveur éclatant de lumière,
Se lèvera de son trône éternel,
Et que laissant les douleurs de la terre,
Je pourrais voir les splendeurs de son ciel,

Refrain
Je redirai dans son divin séjour:
Rien n'est plus grand que ton amour! (2x)

Psaume 130

Cantique des degrés. Du fond de l'abîme je t'invoque, ô Adonaï!

Adonaï, écoute ma voix! Que tes oreilles soient attentives à la voix de mes supplications!

Si tu gardais le souvenir des iniquités, Adonaï, Seigneur, qui pourrait subsister?

Mais le pardon se trouve auprès de toi, afin qu'on te craigne.

J'espère en Adonaï, mon âme espère, et j'attends sa promesse.

Mon âme compte sur Adonaï, plus que les gardes ne comptent sur le matin, que les gardes ne comptent sur le matin.

Israël, mets ton espoir en Adonaï ! Car la miséricorde est auprès d'Adonaï, et la rédemption est auprès de lui en abondance.

C'est lui qui rachètera Israël de toutes ses iniquités. Amen ! Amen ! Amen !

Pleine Paix

Pleine paix, Jésus en ta présence
Pleine paix, soutenu par ta main ;
Pleine paix, gardé par ta puissance
Pleine paix, tout le long du chemin.

Refrain
Parfaite paix, douce paix (bis)
Même en marchant
Dans la plus sombre nuit.
Jésus, mon Sauveur
Me dit sois sans peur
Je suis la Lumière de qui me suit.

Pleine paix, dans mon pèlerinage
Pleine paix, malgré le dur exil
Pleine paix, si l'ennemi fait rage
Pleine paix, quel que soit le péril.

Miséricorde Insondable!

Miséricorde insondable!
Dieu peut-il tout pardonné?
Absoudre un si grand coupable,
Et mes péchés oubliés?

Refrain
Jésus, je viens, je viens à toi.
Tel que je suis, je viens à toi.
Jésus, je viens, je viens à toi.
Tel que je suis, prends-moi.

Longtemps j'ai loin de sa face,
Provoqué son saint courroux,
Fermé mon cœur à sa grâce,
Blessé le sien devant tous.

Ô Jésus, à toi je cède,
Je veux être libéré;
De tout péché qui m'obsède
Être à jamais délivré.

Alléluia! Plus de doute,
Mon fardeau m'est enlevé;
Pour le ciel je suis en route,
Heureux pour l'éternité.

Ne Crains Rien, Je T'aime

Ne crains rien, je t'aime,
Je suis avec toi!
Promesse suprême,
Qui soutient ma foi.
La sombre vallée
N'a plus de terreur,
L'âme consolée,
Je marche avec mon Sauveur.

Refrain
Non, jamais tout seul {2 fois
Jésus, mon Sauveur, me garde,
Jamais ne me laisse seul.
Non, jamais tout seul {2 fois
Jésus, mon Sauveur, me garde,
Je ne suis jamais tout seul.

L'aube matinière
Ne luit qu'aux beaux jours,
Jésus, ma lumière,
M'éclaire toujours.
Quand je perds de vue
L'astre radieux,
À travers la nue,
Jésus me montre les cieux!

Les dangers accourent,
Subtils, inconnus :
De près ils m'entourent,
Plus près est Jésus,
Qui, dans le voyage,
Me redit : « C'est moi!
Ne crains rien : courage!
Je suis toujours avec toi!

Rituel D'invocation Du Pentagramme De La Terre

Le kabbaliste se tient maintenant devant l'autel, au centre de la pièce, face à l'Est, et il prend un poignard dans sa main droite. Il trace un pentagramme d'invocation de la Terre avec le poignard, et dit « Yod Hé Vau hé ». Puis, il tourne sur lui-même de 180 degrés vers sa droite. Maintenant, face a l'Ouest, il trace encore un autre pentagramme d'invocation de la Terre, et il vibre le Nom Divin : « El » ; de nouveau, il tourne sur lui-même de 90 degrés vers sa droite. Alors, face au Nord, il trace le même pentagramme et vibre la Formule Sacrée : « AGLA, Atah Gabor Léolam Adonaï. » Encore, il tourne sur lui-même de 180 degrés vers sa droite ; face au Sud, il trace le même pentagramme et il entonne le Nom Divin : « Elohim ».

Il retourne à l'Est, en complétant toujours le cercle en apportant le poignard au centre imaginé du premier pentagramme. Face à l'Est, il étend ses bras sous forme d'une croix, et il dit :

Au nom du Seigneur d'Israël, que l'Archange Raphaël soit devant moi ; derrière moi l'Archange Gabriel ; à ma

gauche se tient l'Archange Uriel ; à ma droite
l'Archange Michaël. Et au-dessus de ma tête, se tient,
l'Archange Métatron Serpanim, et l'Archange
Sandalphon, la Présence Divine de Dieu. Qu'il en soit
ainsi. Amen ! Amen ! Amen !

Conjuration Du Dimanche

Je te conjure, Anges de Dieu, puissants et saints, au
nom d'Adonaï, Eyé, Eyé, Eyé, qui est celui qui est, qui a
été et qui sera, Eyé Abiayé; et au nom de Shaddaï,
Kadosch, Kadosch, Kadosch, qui est assis sur les
Chérubins, et par le grand nom de ce même Dieu
puissant et fort, exalté au-dessus de tous les cieux, Eyé
Sarayé, le Maître des siècles, qui a créé le ciel et la
terre, la mer, l'univers, et toutes les choses qui furent
au premier jour, qui les scella de son sacré nom Phaa.
Je te conjure aussi, par les noms des saints Anges, qui
commandent à la quatrième Légion, et qui servent en
présence du très puissant et illustre Salamia ; par le
nom de l'astre qui est le Soleil, par son signe, par
l'adorable et terrible nom du Dieu vivant, et par tous
les noms qui ont été ci-dessus proférés, je te conjure,
saint Ange Mikaël, toi qui préside au jour du Dimanche
par le nom adorable Adonaï, Dieu d'Israël, qui a créé
l'univers entier et tout ce qu'il renferme, afin que tu me
porte secours, et que tu m'accorde l'effet de toutes mes
demandes, selon mon vœu et mon désir, soit dans mes
affaires, soit dans ma fortune, et généralement dans
toutes choses qui me seront utiles et nécessaires. Qu'il
en soit ainsi. Amen. Amen. Amen.

Rituel De Bannissement
De L'Hexagramme Tiféret-Soleil

Le Kabbaliste se tient devant l'autel, au centre de la pièce, face à l'Est, et il prend un poignard dans sa main droite. Il trace un hexagramme de bannissement du Soleil avec le poignard, et en vibrant le Nom Divin : « Ararita. » Sur la dernière syllabe, il pique le centre de l'hexagramme avec le poignard, et il trace le Symbole du Soleil dans le centre de l'hexagramme en vibrant, les Noms Divins: « Adonaï Elohah Va Daath. »

Puis, il tourne sur lui-même de 180 degrés vers sa droite. Maintenant, face a l'Ouest, il trace encore un autre hexagramme de bannissement du Soleil avec le poignard, et il vibre le Nom Divin : « Ararita.» Sur la dernière syllabe, il pique le centre de l'hexagramme avec le poignard. Puis, il trace le Symbole du Soleil dans le centre de l'hexagramme en vibrant, les Noms Divins: « Adonaï Elohah Va Daath. »

De nouveau, il tourne sur lui-même de 90 degrés vers sa droite. Alors, face au Nord, il trace encore un autre hexagramme de bannissement du Soleil avec le poignard, et il vibre le Nom Divin : « Ararita.» Sur la dernière syllabe, il pique le centre de l'hexagramme avec le poignard. Et puis, il trace le Symbole du Soleil dans le centre de l'hexagramme en vibrant, les Noms Divins: « Adonaï Elohah Va Daath.»

Encore, il tourne sur lui-même de 180 degrés vers sa droite ; face au Sud, il trace encore un autre hexagramme de bannissement du Soleil avec le poignard, et il vibre le Nom Divin : « Ararita.» Sur la dernière syllabe, il pique le centre de l'hexagramme avec le poignard. Et puis, il trace le Symbole du Soleil dans le centre de l'hexagramme en vibrant, les Noms Divins: « Adonaï Elohah Va Daath. »

Rituel D'Invocation
De L'Hexagramme De Tiféret-Soleil

Le Kabbaliste se tient devant l'autel, au centre de la pièce, face à l'Est, et il prend un poignard dans sa main droite. Il trace un hexagramme d'invocation du Soleil avec le poignard, et en vibrant le Nom Divin : « Ararita. » Sur la dernière syllabe, il pique le centre de l'hexagramme avec le poignard, et il trace le Symbole du Soleil dans le centre de l'hexagramme en vibrant, les Noms Divins: « Adonaï Elohah Va-Daath. »

Puis, il tourne sur lui-même de 180 degrés vers sa droite. Maintenant, face a l'Ouest, il trace encore un autre hexagramme d'invocation du Soleil avec le poignard, et il vibre le Nom Divin : « Ararita.» Sur la dernière syllabe, il pique le centre de l'hexagramme avec le poignard. Puis, il trace le Symbole du Soleil dans le centre de l'hexagramme en vibrant, les Noms Divins: « Adonaï Elohah Va Daath. »

De nouveau, il tourne sur lui-même de 90 degrés vers sa droite. Alors, face au Nord, il trace encore un autre hexagramme d'invocation du Soleil avec le poignard, et il vibre le Nom Divin : « Ararita.» Sur la dernière syllabe, il pique le centre de l'hexagramme avec le poignard. Et puis, il trace le Symbole du Soleil dans le centre de l'hexagramme en vibrant, les Noms Divins: « Adonaï Elohah Va Daath. »

Encore, il tourne sur lui-même de 180 degrés vers sa droite ; face au Sud, il trace encore un autre hexagramme d'invocation du Soleil avec le poignard, et il vibre le Nom Divin : « Ararita.» Sur la dernière syllabe, il pique le centre de l'hexagramme avec le poignard. Et puis, il trace le Symbole du Soleil dans le centre de l'hexagramme en vibrant, les Noms Divins: « Adonaï Elohah Va Daath. »

Conjuration Du Lundi

Je te conjure, Anges très bons et puissants, par la force et la vertu de ces noms Adonaï, Adonaï, Adonaï, Eyé, Eyé, Eyé, Kadosch, Kadosch, Kadosch, Achim, Achim, Achim, Ia, Ia, fort Ia, qui apparut sur la montagne de Sinaï avec toute sa gloire souveraine, Adonaï, Shaddaï,

Zabaoth, Amathaï, Yah, Yah, Yah, Marinata, Abim, Ieia, qui a créé au second jour les mers, les fleuves et toutes les eaux, même celles qui sont au-dessous des Cieux et sur la terre, scellé la mer de son très haut nom, lui a posé des bornes qu'elle ne peut surmonter. Je te conjure, Anges forts et bons, par les noms de ceux qui commandent à la première Légion, qui servent le grand et honoré Orphaniel ; par le nom de l'astre qui est la Lune, et par tous les noms ci-dessus prononcés, je te conjure, Gabriel, toi qui préside au second jour consacré à la Lune, afin que tu viennes à mon secours et que tu accomplisses toutes mes volontés. Qu'il en soit ainsi. Amen. Amen. Amen.

Rituel De Bannissement
De L'Hexagramme Yesod-Lune

Le Kabbaliste se tient devant l'autel, au centre de la pièce, face à l'Est, et il prend un poignard dans sa main droite. Il trace un hexagramme de bannissement de la Lune avec le poignard, et en vibrant le Nom Divin : « Ararita. » Sur la dernière syllabe, il pique le centre de l'hexagramme avec le poignard, et il trace le Symbole de la Lune dans le centre de l'hexagramme en vibrant, les Noms Divins: « El Shaddaï, Elohim Chayyim. »

Puis, il tourne sur lui-même de 180 degrés vers sa droite. Maintenant, face a l'Ouest, il trace encore un autre hexagramme de bannissement de la Lune avec le poignard, et il vibre le Nom Divin : « Ararita.» Sur la dernière syllabe, il pique le centre de l'hexagramme avec le poignard. Puis, il trace le Symbole de la Lune dans le centre de l'hexagramme en vibrant, les Noms Divins: « El Shaddaï, Elohim Chaïm. »

De nouveau, il tourne sur lui-même de 90 degrés vers sa droite. Alors, face au Nord, il trace encore un autre hexagramme de bannissement de la Lune avec le poignard, et il vibre le Nom Divin : « Ararita.» Sur la dernière syllabe, il pique le centre de l'hexagramme avec le poignard. Et puis, il trace le Symbole de la Lune dans le centre de l'hexagramme en vibrant, les Noms Divins: « El Shaddaï, Elohim Chayyim. »

Encore, il tourne sur lui-même de 180 degrés vers sa droite ; face au Sud, il trace encore un autre hexagramme de bannissement de la Lune avec le poignard, et il vibre le Nom Divin : « Ararita.» Sur la dernière syllabe, il pique le centre de l'hexagramme avec le poignard. Et puis, il trace le Symbole de la Lune dans le centre de l'hexagramme en vibrant, les Noms Divins: « El Shaddaï, Elohim Chaïm. »

Rituel D'Invocation
De L'Hexagramme Lunaire

Le Kabbaliste se tient devant l'autel, au centre de la pièce, face à l'Est, et il prend un poignard dans sa main droite. Il trace un hexagramme d'invocation de la Lune avec le poignard, et en vibrant le Nom

Divin : « Ararita. » Sur la dernière syllabe, il pique le centre de l'hexagramme avec le poignard, et il trace le Symbole de la Lune dans le centre de l'hexagramme en vibrant, les Noms Divins : « El Shaddaï, Elohim Chayyim. »

Puis, il tourne sur lui-même de 180 degrés vers sa droite. Maintenant, face a l'Ouest, il trace encore un autre hexagramme d'invocation de la Lune avec le poignard, et il vibre le Nom Divin : « Ararita.» Sur la dernière syllabe, il pique le centre de l'hexagramme avec le poignard. Puis, il trace le Symbole de la Lune dans le centre de l'hexagramme en vibrant, les Noms Divins : « El Shaddaï, Elohim Chayyim. »

De nouveau, il tourne sur lui-même de 90 degrés vers sa droite. Alors, face au Nord, il trace encore un autre hexagramme d'invocation de la Lune avec le poignard, et il vibre le Nom Divin : « Ararita.» Sur la dernière syllabe, il pique le centre de l'hexagramme avec le poignard. Et puis, il trace le Symbole de la Lune dans le centre de l'hexagramme en vibrant, les Noms Divins : « El Shaddaï, Elohim Chayyim. »

Encore, il tourne sur lui-même de 180 degrés vers sa droite ; face au Sud, il trace encore un autre hexagramme d'invocation de la Lune avec le poignard, et il vibre le Nom Divin : « Ararita.» Sur la dernière syllabe, il pique le centre de l'hexagramme avec le poignard. Et puis, il trace le Symbole de la Lune dans le centre de l'hexagramme en vibrant, les Noms Divins : « El Shaddaï, Elohim Chayyim. »

Conjuration Du Mardi

Je te conjure, Anges forts et saints, par les noms sacrés, Yah, Yah, Yah, Hé, Hé, Hé, Va, Hy, Ha, Ha, Va, Va, Va, An, An, An, Aïé, Aïé, Aïé, El, Ay, Elibra, Elohim, Elohim, et par les autres noms de ce Dieu très haut, qui a fait paraître l'eau aride et l'a appelée terre, qui produit sur la superficie d'icelle les arbres et les herbes, et qui l'a scellée de son saint, précieux, adorable et redoutable Nom, par les noms des Anges qui commandent à la cinquième Légion, qui servent le puissant Acimoy, par le nom de l'astre qui est Mars, et je te conjure, O Samaël, toi qui préside au Mardi, par tous les noms ci-dessus prononcés, par celui d'Adonaï, Dieu vivant et véritable, de venir à mon secours, et d'accomplir toutes mes volontés. Qu'il en soit ainsi. Amen. Amen. Amen.

Rituel De Bannissement De L'Hexagramme
De Guébourah-Mars

Le Kabbaliste se tient devant l'autel, au centre de la pièce, face à l'Est, et il prend un poignard dans sa main droite. Il trace un hexagramme d'invocation de Saturne avec le poignard, et en vibrant le Nom Divin : « Ararita. » Sur la dernière syllabe, il pique le centre de l'hexagramme avec le poignard, et il trace le Symbole de Saturne dans le centre de l'hexagramme en vibrant, le Nom Divin: « Elohim Gibor»

Puis, il tourne sur lui-même de 180 degrés vers sa droite. Maintenant, face a l'Ouest, il trace encore un autre hexagramme d'invocation de Saturne avec le poignard, et il vibre le Nom Divin : « Ararita.» Sur la dernière syllabe, il pique le centre de l'hexagramme avec le poignard. Puis, il trace le Symbole de Saturne dans le centre de l'hexagramme en vibrant, le Nom Divin: « Elohim Gibor»

De nouveau, il tourne sur lui-même de 90 degrés vers sa droite. Alors, face au Nord, il trace encore un autre hexagramme d'invocation de Saturne avec le poignard, et il vibre le Nom Divin : « Ararita.» Sur la dernière syllabe, il pique le centre de l'hexagramme avec le poignard. Et puis, il trace le Symbole de Saturne dans le centre de l'hexagramme en vibrant, le Nom Divin: « Elohim Gibor »

Encore, il tourne sur lui-même de 180 degrés vers sa droite ; face au Sud, il trace encore un autre hexagramme d'invocation de Saturne avec le poignard, et il vibre le Nom Divin : « Ararita.» Sur la dernière syllabe, il pique le centre de l'hexagramme avec le poignard. Et puis, il trace le Symbole de Saturne dans

le centre de l'hexagramme en vibrant, le Nom Divin: « Elohim Gibor. »

Rituel D'Invocation De L'Hexagramme De Guébourah-Mars

Le Kabbaliste se tient devant l'autel, au centre de la pièce, face à l'Est, et il prend un poignard dans sa main droite. Il trace un hexagramme d'invocation de Saturne avec le poignard, et en vibrant le Nom Divin : « Ararita. » Sur la dernière syllabe, il pique le centre de l'hexagramme avec le poignard, et il trace le Symbole de Saturne dans le centre de l'hexagramme en vibrant, le Nom Divin: « Elohim Gibor»

Puis, il tourne sur lui-même de 180 degrés vers sa droite. Maintenant, face a l'Ouest, il trace encore un autre hexagramme d'invocation de Saturne avec le poignard, et il vibre le Nom Divin : « Ararita.» Sur la dernière syllabe, il pique le centre de l'hexagramme avec le poignard. Puis, il trace le Symbole de Saturne dans le centre de l'hexagramme en vibrant, le Nom Divin: «Elohim Gibor»

De nouveau, il tourne sur lui-même de 90 degrés vers sa droite. Alors, face au Nord, il trace encore un autre hexagramme d'invocation de Saturne avec le poignard, et il vibre le Nom Divin : « Ararita.» Sur la dernière syllabe, il pique le centre de l'hexagramme avec le poignard. Et puis, il trace le Symbole de Saturne dans le centre de l'hexagramme en vibrant, le Nom Divin: «Elohim Gibor»

Encore, il tourne sur lui-même de 180 degrés vers sa droite ; face au Sud, il trace encore un autre hexagramme d'invocation de Saturne avec le poignard, et il vibre le Nom Divin : « Ararita.» Sur la dernière syllabe, il pique le centre de l'hexagramme avec le poignard. Et puis, il trace le Symbole de Saturne dans le centre de l'hexagramme en vibrant, le Nom Divin: «Elohim Gibor»

Conjuration Du Mercredi

Je te conjure, Anges forts, saints et puissants, par les noms très redoutables et adorables, Adonaï, Elohim, Shaddaï, Shaddaï, Shaddaï, Eyé, Eyé, Eyé, Asamie, Asarie ; au nom d'Adonaï, Dieu d'Israël, qui a créé le grand luminaire pour distinguer le jour de la nuit ; par le nom de tous les Anges qui servent dans la seconde Légion devant l'Ange, trois fois grand, fort et puissant, par le nom de l'astre de Mercure, par son sceau sacré et révéré, par tous ceux ci-dessus prononcés, je te conjure, O grand ange Raphaël, toi qui préside au quatrième jour, par le nom saint, écrit sur le front d'Aaron, prêtre du très haut Créateur, et par ceux des Anges qui sont confirmés en la grâce du Sauveur, et enfin par celui du trône des Animaux qui ont six ailes, de venir à mon secours pour accomplir ma volonté. Qu'il en soit ainsi. Amen. Amen. Amen.

Rituel De Bannissement De L'Hexagramme
Hod Mercure

Le Kabbaliste se tient devant l'autel, au centre de la pièce, face à l'Est, et il prend un poignard dans sa main droite. Il trace un hexagramme d'invocation de Saturne avec le poignard, et en vibrant le Nom Divin : « Ararita. » Sur la dernière syllabe, il pique le centre de l'hexagramme avec le poignard, et il trace le Symbole de Saturne dans le centre de l'hexagramme en vibrant, le Nom Divin: Elohim Tzébaoth.

Puis, il tourne sur lui-même de 180 degrés vers sa droite. Maintenant, face a l'Ouest, il trace encore un autre hexagramme d'invocation de Saturne avec le poignard, et il vibre le Nom Divin : « Ararita.» Sur la dernière syllabe, il pique le centre de l'hexagramme avec le poignard. Puis, il trace le Symbole de Saturne dans le centre de l'hexagramme en vibrant, le Nom Divin: Elohim Tzébaoth.

De nouveau, il tourne sur lui-même de 90 degrés vers sa droite. Alors, face au Nord, il trace encore un autre hexagramme d'invocation de Saturne avec le poignard, et il vibre le Nom Divin : « Ararita.» Sur la dernière syllabe, il pique le centre de l'hexagramme avec le poignard. Et puis, il trace le Symbole de Saturne dans le centre de l'hexagramme en vibrant, le Nom Divin: Elohim Tzébaoth.

Encore, il tourne sur lui-même de 180 degrés vers sa droite ; face au Sud, il trace encore un autre hexagramme d'invocation de Saturne avec le poignard, et il vibre le Nom Divin : « Ararita.» Sur la dernière syllabe, il pique le centre de l'hexagramme avec le poignard. Et puis, il trace le Symbole de Saturne dans le centre de l'hexagramme en vibrant, le Nom Divin: Elohim Tzébaoth.

Rituel D'Invocation De L'Hexagramme De Hod Mercure

Le Kabbaliste se tient devant l'autel, au centre de la pièce, face à l'Est, et il prend un poignard dans sa main droite. Il trace un hexagramme d'invocation de Saturne avec le poignard, et en vibrant le Nom Divin : « Ararita. » Sur la dernière syllabe, il pique le centre de l'hexagramme avec le poignard, et il trace le Symbole de Saturne dans le centre de l'hexagramme en vibrant, le Nom Divin: Elohim Tzébaoth.

Puis, il tourne sur lui-même de 180 degrés vers sa droite. Maintenant, face a l'Ouest, il trace encore un autre hexagramme d'invocation de Saturne avec le poignard, et il vibre le Nom Divin : « Ararita.» Sur la dernière syllabe, il pique le centre de l'hexagramme avec le poignard. Puis, il trace le Symbole de Saturne dans le centre de l'hexagramme en vibrant, le Nom Divin: Elohim Tzébaoth.

De nouveau, il tourne sur lui-même de 90 degrés vers sa droite. Alors, face au Nord, il trace encore un autre hexagramme d'invocation de Saturne avec le poignard, et il vibre le Nom Divin : « Ararita.» Sur la dernière syllabe, il pique le centre de l'hexagramme avec le poignard. Et puis, il trace le Symbole de Saturne dans le centre de l'hexagramme en vibrant, le Nom Divin: Elohim Tzébaoth.

Encore, il tourne sur lui-même de 180 degrés vers sa droite ; face au Sud, il trace encore un autre hexagramme d'invocation de Saturne avec le poignard, et il vibre le Nom Divin : « Ararita.» Sur la dernière syllabe, il pique le centre de l'hexagramme avec le poignard. Et puis, il trace le Symbole de Saturne dans

le centre de l'hexagramme en vibrant, le Nom Divin: Elohim Tzébaoth.

Conjuration Du Jeudi

Je te conjure, Anges saints, par les noms Kadosch, Kadosch, Kadosch, Eïéseréïé, Eïéseréïé, Eïéseréïé, Hatim, Hatim, Yah, le souverain des siecles, cantine, Jaïm, Janic, Anie, Calbar, Sabbac, Betifaï, Alnaïm, je te conjure par Adonaï qui a créé au cinquième jour les poissons et les reptiles qui sont dans les eaux et les oiseaux à la surface de la terre ; par les Anges qui servent dans la sixième Légion, en présence du saint Ange, leur chef, très puissant et excellent Prince, par le nom de l'astre de Jupiter et de son sceau ; par Adonaï, le suprême Créateur de toutes choses ; par le nom de tous les astres, par leur forces et puissances, et par tous ceux enfin prononces ci-dessus, je te conjure, O grand Sachiel, toi qui préside au jour de Jupiter, de venir à mon secours pour accomplir ma volonté. Qu'il en soit ainsi. Amen. Amen. Amen.

Rituel De Bannissement De L'Hexagramme De Guédoulah-Jupiter

Le Kabbaliste se tient devant l'autel, au centre de la pièce, face à l'Est, et il prend un poignard dans sa main droite. Il trace un hexagramme d'invocation de Saturne avec le poignard, et en vibrant le Nom Divin : « Ararita. » Sur la dernière syllabe, il pique le centre de l'hexagramme avec le poignard, et il trace le Symbole de Saturne dans le centre de l'hexagramme en vibrant, le Nom Divin: El Hélion.

Puis, il tourne sur lui-même de 180 degrés vers sa droite. Maintenant, face a l'Ouest, il trace encore un autre hexagramme d'invocation de Saturne avec le poignard, et il vibre le Nom Divin : « Ararita.» Sur la dernière syllabe, il pique le centre de l'hexagramme avec le poignard. Puis, il trace le Symbole de Saturne dans le centre de l'hexagramme en vibrant, le Nom Divin: El Hélion.

De nouveau, il tourne sur lui-même de 90 degrés vers sa droite. Alors, face au Nord, il trace encore un autre hexagramme d'invocation de Saturne avec le poignard, et il vibre le Nom Divin : « Ararita.» Sur la dernière syllabe, il pique le centre de l'hexagramme avec le poignard. Et puis, il trace le Symbole de Saturne dans le centre de l'hexagramme en vibrant, le Nom Divin: El Hélion.

Encore, il tourne sur lui-même de 180 degrés vers sa droite ; face au Sud, il trace encore un autre hexagramme d'invocation de Saturne avec le poignard, et il vibre le Nom Divin : « Ararita.» Sur la dernière syllabe, il pique le centre de l'hexagramme avec le poignard. Et puis, il trace le Symbole de Saturne dans

le centre de l'hexagramme en vibrant, le Nom Divin: El Hélion.

Rituel D'Invocation De L'Hexagramme De Guédoulah-Jupiter

Le Kabbaliste se tient devant l'autel, au centre de la pièce, face à l'Est, et il prend un poignard dans sa main droite. Il trace un hexagramme d'invocation de Saturne avec le poignard, et en vibrant le Nom Divin : « Ararita. » Sur la dernière syllabe, il pique le centre de l'hexagramme avec le poignard, et il trace le Symbole de Saturne dans le centre de l'hexagramme en vibrant, le Nom Divin: El Hélion.

Puis, il tourne sur lui-même de 180 degrés vers sa droite. Maintenant, face a l'Ouest, il trace encore un autre hexagramme d'invocation de Saturne avec le poignard, et il vibre le Nom Divin : « Ararita.» Sur la dernière syllabe, il pique le centre de l'hexagramme avec le poignard. Puis, il trace le Symbole de Saturne dans le centre de l'hexagramme en vibrant, le Nom Divin: El Hélion.

De nouveau, il tourne sur lui-même de 90 degrés vers sa droite. Alors, face au Nord, il trace encore un autre hexagramme d'invocation de Saturne avec le poignard, et il vibre le Nom Divin : « Ararita.» Sur la dernière syllabe, il pique le centre de l'hexagramme avec le poignard. Et puis, il trace le Symbole de Saturne dans le centre de l'hexagramme en vibrant, le Nom Divin: El Hélion.

Encore, il tourne sur lui-même de 180 degrés vers sa droite ; face au Sud, il trace encore un autre hexagramme d'invocation de Saturne avec le poignard, et il vibre le Nom Divin : « Ararita.» Sur la dernière syllabe, il pique le centre de l'hexagramme avec le poignard. Et puis, il trace le Symbole de Saturne dans le centre de l'hexagramme en vibrant, le Nom Divin: El Hélion.

Conjuration Du Vendredi

Je te conjure, Anges saints, forts et puissants, par les noms On, Hey, Heya, Yah, Yeh, Adonaï, Shaddaï, qui au sixième jour créa les quadrupèdes, les animaux reptiles et les hommes, et qui donna tout pouvoir a Adam sur tous ces animaux, qui bénit les noms du Seigneur, par les anges qui servent dans la troisième Légion, en présence du grand Ange Argiel, prince fort et puissant, par l'astre de Vénus, par son saint sceau et par les noms susdits, je te conjure, Anaël, Ange très grand, toi qui préside au sixième jour, afin que tu vienne à mon secours et que tu accomplisses toutes mes volontés. Qu'il en soit ainsi. Amen. Amen. Amen.

Rituel De Bannissement De L'Hexagramme Netzach-Vénus

Le Kabbaliste se tient devant l'autel, au centre de la pièce, face à l'Est, et il prend un poignard dans sa main droite. Il trace un hexagramme d'invocation de Saturne avec le poignard, et en vibrant le Nom Divin : « Ararita. » Sur la dernière syllabe, il pique le centre de l'hexagramme avec le poignard, et il trace le Symbole de Saturne dans le centre de l'hexagramme en vibrant, le Nom Divin: Adonaï Tzébaoth.

Puis, il tourne sur lui-même de 180 degrés vers sa droite. Maintenant, face a l'Ouest, il trace encore un autre hexagramme d'invocation de Saturne avec le poignard, et il vibre le Nom Divin : « Ararita.» Sur la dernière syllabe, il pique le centre de l'hexagramme avec le poignard. Puis, il trace le Symbole de Saturne dans le centre de l'hexagramme en vibrant, le Nom Divin: Adonaï Tzébaoth.

De nouveau, il tourne sur lui-même de 90 degrés vers sa droite. Alors, face au Nord, il trace encore un autre hexagramme d'invocation de Saturne avec le poignard, et il vibre le Nom Divin : « Ararita.» Sur la dernière syllabe, il pique le centre de l'hexagramme avec le poignard. Et puis, il trace le Symbole de Saturne dans le centre de l'hexagramme en vibrant, le Nom Divin: Adonaï Tzébaoth.

Encore, il tourne sur lui-même de 180 degrés vers sa droite ; face au Sud, il trace encore un autre hexagramme d'invocation de Saturne avec le poignard, et il vibre le Nom Divin : « Ararita.» Sur la dernière syllabe, il pique le centre de l'hexagramme avec le poignard. Et puis, il trace le Symbole de Saturne dans le centre de l'hexagramme en vibrant, le Nom Divin: Adonaï Tzébaoth.

Rituel D'Invocation De L'Hexagramme De Netzach-Vénus

Le Kabbaliste se tient devant l'autel, au centre de la pièce, face à l'Est, et il prend un poignard dans sa main droite. Il trace un hexagramme d'invocation de Saturne avec le poignard, et en vibrant le Nom Divin : « Ararita. » Sur la dernière syllabe, il pique le centre de l'hexagramme avec le poignard, et il trace le Symbole de Saturne dans le centre de l'hexagramme en vibrant, le Nom Divin: Adonaï Tzébaoth.

Puis, il tourne sur lui-même de 180 degrés vers sa droite. Maintenant, face a l'Ouest, il trace encore un autre hexagramme d'invocation de Saturne avec le poignard, et il vibre le Nom Divin : « Ararita.» Sur la dernière syllabe, il pique le centre de l'hexagramme avec le poignard. Puis, il trace le Symbole de Saturne dans le centre de l'hexagramme en vibrant, le Nom Divin: Adonaï Tzébaoth.

De nouveau, il tourne sur lui-même de 90 degrés vers sa droite. Alors, face au Nord, il trace encore un autre hexagramme d'invocation de Saturne avec le poignard, et il vibre le Nom Divin : « Ararita.» Sur la dernière syllabe, il pique le centre de l'hexagramme avec le poignard. Et puis, il trace le Symbole de Saturne dans le centre de l'hexagramme en vibrant, le Nom Divin: Adonaï Tzébaoth.

Encore, il tourne sur lui-même de 180 degrés vers sa droite ; face au Sud, il trace encore un autre hexagramme d'invocation de Saturne avec le poignard, et il vibre le Nom Divin : « Ararita. » Sur la dernière syllabe, il pique le centre de l'hexagramme avec le poignard. Et puis, il trace le Symbole de Saturne dans le centre de l'hexagramme en vibrant, le Nom Divin: Adonaï Tzébaoth.

Conjuration Du Samedi

Je te conjure, Caphriel, Machatori et Serakiel, Anges puissants et forts, au nom d'Adonaï, Adonaï, Adonaï, Eyé, Eyé, Eyé, Assim, Assim, Assim, Kadosch, Kadosch, Kadosch, Yah, Yah, Shaddaï, Yah, Sar, Seigneur qui a formé les siècles, qui au septième jour se reposa, qui voulut que son peuple d'Israël le gardât inviolablement et le sanctifiât, afin de mériter par la au siècle à venir, la récompense qu'il lui promit par les noms des anges qui servent dans la septième Légion, en la présence de Booel, Ange grand et puissant ; par l'astre de saturne ; par son saint sceau et par les noms ci-dessus, je te conjure, Caphriel, toi qui préside en ce jour, de venir à mon secours pour accomplir ma volonté. Qu'il en soit ainsi. Amen. Amen. Amen.

Rituel De Bannissement
De L'Hexagramme De Binah-Saturne

Le Kabbaliste se tient devant l'autel, au centre de la pièce, face à l'Est, et il prend un poignard dans sa main droite. Il trace un hexagramme de bannissement de Saturne avec le poignard, et en vibrant le Nom Divin : « Ararita. » Sur la dernière syllabe, il pique le centre de l'hexagramme avec le poignard, et il trace le Symbole de Saturne dans le centre de l'hexagramme en vibrant, le Nom Divin: El Elohim.

Puis, il tourne sur lui-même de 180 degrés vers sa droite. Maintenant, face a l'Ouest, il trace encore un autre hexagramme de bannissement de Saturne avec le poignard, et il vibre le Nom Divin : « Ararita.» Sur la dernière syllabe, il pique le centre de l'hexagramme avec le poignard. Puis, il trace le Symbole de Saturne dans le centre de l'hexagramme en vibrant, le Nom Divin: El Elohim.

De nouveau, il tourne sur lui-même de 90 degrés vers sa droite. Alors, face au Nord, il trace encore un autre hexagramme de bannissement de Saturne avec le poignard, et il vibre le Nom Divin : « Ararita.» Sur la dernière syllabe, il pique le centre de l'hexagramme avec le poignard. Et puis, il trace le Symbole de Saturne dans le centre de l'hexagramme en vibrant, le Nom Divin: « El Elohim »

Encore, il tourne sur lui-même de 180 degrés vers sa droite ; face au Sud, il trace encore un autre hexagramme de bannissement de Saturne avec le poignard, et il vibre le Nom Divin : « Ararita.» Sur la dernière syllabe, il pique le centre de l'hexagramme avec le poignard. Et puis, il trace le Symbole de Saturne dans le centre de l'hexagramme en vibrant, le Nom Divin: « El Elohim »

Rituel D'Invocation
De L'Hexagramme De Binah-Saturne

Le Kabbaliste se tient devant l'autel, au centre de la pièce, face à l'Est, et il prend un poignard dans sa main droite. Il trace un hexagramme d'invocation de Saturne avec le poignard, et en vibrant le Nom Divin : « Ararita. » Sur la dernière syllabe, il pique le centre de l'hexagramme avec le poignard, et il trace le Symbole de Saturne dans le centre de l'hexagramme en vibrant, le Nom Divin: « El Elohim »

Puis, il tourne sur lui-même de 180 degrés vers sa droite. Maintenant, face a l'Ouest, il trace encore un autre hexagramme d'invocation de Saturne avec le poignard, et il vibre le Nom Divin : « Ararita.» Sur la dernière syllabe, il pique le centre de l'hexagramme avec le poignard. Puis, il trace le Symbole de Saturne dans le centre de l'hexagramme en vibrant, le Nom Divin: « El Elohim »

De nouveau, il tourne sur lui-même de 90 degrés vers sa droite. Alors, face au Nord, il trace encore un autre hexagramme d'invocation de Saturne avec le poignard, et il vibre le Nom Divin : « Ararita.» Sur la dernière syllabe, il pique le centre de l'hexagramme avec le poignard. Et puis, il trace le Symbole de Saturne dans le centre de l'hexagramme en vibrant, le Nom Divin: « El Elohim »

Encore, il tourne sur lui-même de 180 degrés vers sa droite ; face au Sud, il trace encore un autre hexagramme d'invocation de Saturne avec le poignard, et il vibre le Nom Divin : « Ararita.» Sur la dernière syllabe, il pique le centre de l'hexagramme avec le poignard. Et puis, il trace le Symbole de Saturne dans

le centre de l'hexagramme en vibrant, le Nom Divin: « El Elohim. »

Invocation Toute-Puissante A Notre Dame De Czestochowa

Je vous salue, Vierge glorieuse, étoile plus brillante que le soleil, plus vermeille que la rose nouvelle, plus blanche que le lis, plus élevée dans le ciel que tous les Saints, toute la terre vous révère, agréez mes hommages et venez à mon aide. Sainte Mère De Czestochowa, vous êtes pleine de grâce, de bonté et de miséricorde. Je vous consacre toutes mes pensées, mes paroles et mes actions, mon âme et mon corps. Je supplie vos bénédictions et spécialement vos prières pour ma libération. Aujourd'hui, je vous consacre moi-même, O bonne Mère, entièrement avec le corps et l'âme au milieu de joies et de souffrances pour obtenir pour moi-même et les autres vos bénédictions sur cette terre et la vie éternelle au ciel. Au milieu de jours si glorieux, n'oubliez pas, Vierge Mère, les tristesses de la terre : jetez un regard de bonté sur ceux qui sont dans la souffrance et qui luttent contre les difficultés, qui ne cessent de tremper leurs lèvres aux amertumes de cette vie. Ayez pitié de ceux qui s'aimaient et qui ont été séparés. Ayez pitié de l'isolement du cœur, de la faiblesse de notre foi, des objets de notre tendresse. Ayez pitié de ceux qui pleurent, de ceux qui prient, de ceux qui tremblent. Donnez à tous l'espérance et la paix. Amen.

Rends-Toi Maître De Nos Ames

Rends-toi Maître de nos âmes,
Esprit Saint, Esprit d'amour !
Et de tes divines flammes
Embrasse-nous en ce jour !

Refrain
Oh ! Viens, Esprit de Dieu !
Fais nous sentir ta présence,
Revêts-nous de ta puissance
Et baptise-nous de feu !
Esprit de Dieu !
Baptise-nous de feu !

Saint-Esprit de la promesse,
Qui nous scellas de ton sceau,
Dévoile-nous la richesse
De l'héritage d'en haut.

Esprit de vie et de gloire,
Conduis-nous de jour en jour
Et de victoire en victoire
Jusqu'au céleste séjour.

Psaume 145

Louange. De David. Je t'exalterai, ô Adonaï, mon roi! Et je bénirai ton nom à toujours et à perpétuité.

Chaque jour je te bénirai, et je célébrerai ton nom à toujours et à perpétuité.

Adonaï est grand et très digne de louange, et sa grandeur est insondable.

Que chaque génération célèbre tes œuvres, et publie tes hauts faits!

Je dirai la splendeur glorieuse de ta majesté; je chanterai tes merveilles.

On parlera de ta puissance redoutable, et je raconterai ta grandeur.

Qu'on proclame le souvenir de ton immense bonté, et qu'on célèbre ta justice!

Adonaï est miséricordieux et compatissant, lent à la colère et plein de bonté.

Adonaï est bon envers tous, et ses compassions s'étendent sur toutes ses œuvres.

Toutes tes œuvres te loueront, ô Adonaï! Et tes fidèles te béniront.

Ils diront la gloire de ton règne, et ils proclameront ta puissance,

Pour faire connaître aux fils de l'homme ta puissance et la splendeur glorieuse de ton règne.

Ton règne est un règne de tous les siècles, et ta domination subsiste dans tous les âges.

Adonaï soutient tous ceux qui tombent, et il redresse tous ceux qui sont courbés.

Les yeux de tous espèrent en toi, et tu leur donnes la nourriture en son temps.

Tu ouvres ta main, et tu rassasies à souhait tout ce qui a vie.

Adonaï est juste dans toutes ses voies, et miséricordieux dans toutes ses œuvres.

Adonaï est près de tous ceux qui l'invoquent, de tous ceux qui l'invoquent avec sincérité;

Il accomplit les désirs de ceux qui le craignent, il entend leur cri et il les sauve.

Adonaï garde tous ceux qui l'aiment, et il détruit tous les méchants.

Que ma bouche publie la louange d'Adonaï, et que toute chair bénisse son saint nom, a toujours et à perpétuité! Amen ! Amen ! Amen !

O Toi Qui Donne La Vie

O toi qui donnes la vie,
À tes pieds je veux m'asseoir,
Comme s'asseyait Marie
À l'heure douce du soir.
Comme s'asseyait Marie
À l'heure douce du soir.

Mon être entier te réclame;
Tout n'est que faiblesse en moi,
Viens te pencher sur mon âme,
Elle a tant besoin de toi!
Viens te pencher sur mon âme,
Elle a tant besoin de toi!

Maître, à tes pieds je m'incline,
Je t'appartiens sans retour,
Verse en moi ta paix divine,
Répands en moi ton amour!
Verse en moi ta paix divine,
Répands en moi ton amour!

Psaume 146

Louez Adonaï! Mon âme, loue Adonaï!

Je louerai Adonaï tant que je vivrai, je célébrerai mon Dieu tant que j'existerai.

Ne vous confiez pas aux grands, aux fils de l'homme, qui ne peuvent sauver.

Leur souffle s'en va, ils rentrent dans la terre, et ce même jour leurs desseins périssent.

Heureux celui qui a pour secours le Dieu de Jacob, qui met son espoir en Adonaï, son Dieu!

Il a fait les cieux et la terre, la mer et tout ce qui s'y trouve. Il garde la fidélité à toujours.

Il fait droit aux opprimés; il donne du pain aux affamés; Adonaï délivre les captifs;

Adonaï ouvre les yeux des aveugles; Adonaï redresse ceux qui sont courbés; Adonaï aime les justes.

Adonaï protège les étrangers, Il soutient l'orphelin et la veuve, mais il renverse la voie des méchants.

Adonaï règne éternellement; Ton Dieu, ô Sion, subsiste d'âge en âge! Louez Adonaï! Amen ! Amen ! Amen !

Quel Ami Fidèle Et Tendre

Quel ami fidèle et tendre
Nous avons en Jésus-Christ!
Toujours prêt à nous entendre,
À répondre à notre cri!
Il connaît nos défaillances,
Nos chutes de chaque jour,
Sévère en ses exigences,
Il est riche en son amour.

Quel ami fidèle et tendre
Nous avons en Jésus-Christ!
Toujours prêt a nous comprendre,

Quand nous sommes en souci!
Disons lui toutes nos craintes,
Ouvrons lui tout notre cœur.
Bientôt ses paroles saintes
Nous rendront le vrai bonheur.

Quel ami fidèle et tendre
Nous avons en Jésus-Christ!
Toujours prêt à nous défendre
Quand nous pressons l'ennemi!
Il nous suit dans la mêlée,
Nous entoure de ses bras,
Et c'est lui qui tient l'épée,
Qui décide des combats.

Quel ami fidèle et tendre,
Nous avons en Jésus-Christ,
Toujours prêt à nous apprendre,
À vaincre en comptant sur lui!
S'il nous voit vrais et sincères
À chercher la sainteté,
Il écoute nos prières
Et nous met en liberté.

Quel ami fidèle et tendre,
Nous avons en Jésus-Christ,
Bientôt il viendra nous prendre
Pour être au ciel avec lui.
Suivons donc l'étroite voie,
En comptant sur son secours.
Bientôt nous aurons la joie
De vivre avec lui toujours.

Psaume 147

Louez Adonaï! Car il est beau de célébrer notre Dieu, car il est doux, il est agréable de le louer.

Adonaï rebâtit Jérusalem, il rassemble les exilés d'Israël;

Il guérit ceux qui ont le cœur brisé, et il panse leurs blessures.

Il compte le nombre des étoiles, il leur donne à toutes des noms.

Adonaï est grand, puissant par sa force, Son intelligence n'a point de limite.

Adonaï soutient les malheureux, Il abaisse les méchants jusqu'à terre.

Chantez à Adonaï avec actions de grâces, célébrez notre Dieu avec la harpe!

Il couvre les cieux de nuages, il prépare la pluie pour la terre; il fait germer l'herbe sur les montagnes.

Il donne la nourriture au bétail, aux petits du corbeau quand ils crient,

Ce n'est pas dans la vigueur du cheval qu'il se plaît, ce n'est pas dans les jambes de l'homme qu'il met son plaisir;

Adonaï aime ceux qui le craignent, ceux qui espèrent en sa bonté.

Jérusalem, célèbre Adonaï! Sion, loue ton Dieu!

Car il affermit les barres de tes portes, il bénit tes fils au milieu de toi;

Il rend la paix à ton territoire, il te rassasie du meilleur froment.

Il envoie ses ordres sur la terre: sa parole court avec vitesse

Il donne la neige comme de la laine, il répand la gelée blanche comme de la cendre;

Il lance sa glace par morceaux; qui peut résister devant son froid?

Il envoie sa parole, et il les fond; Il fait souffler son vent, et les eaux coulent.

 Il révèle sa parole à Jacob, ses lois et ses ordonnances à Israël;

Il n'a pas agi de même pour toutes les nations, et elles ne connaissent point ses ordonnances. Louez Adonaï! Amen ! Amen ! Amen !

Seigneur Je N'ai Rien À T'offrir

Seigneur je n'ai rien à t'offrir
Qu'un cœur fatigué de souffrir
Et qui sans toi ne peut guérir
Je n'ai que ma misère.

Refrain
Prends-moi tel que je suis
Sans vertu sans appui
Tel que je suis (bis)
O mon céleste frère.

J'ai transgressé ta sainte loi
Le péché vainqueur règne en moi
Pour me présenter devant toi
Je n'ai que ma souillure.

Refrain
Prends-moi tel que je suis
Sans vertu sans appui
Tel que je suis (bis)
Lave mon âme impure.

Faible est ma chair, faible est mon cœur
Pour repousser le tentateur
O mon divin libérateur
Je n'ai que ma misère.

Prends-moi tel que je suis
Sans vertu sans appui
Tel que je suis (bis).
Subviens à ma détresse.

Ton sang versé me blanchira
Ton Saint-Esprit m'affranchira
Ta richesse m'enrichira
O mon céleste Maître.

Refrain
Prends-moi faible pécheur
Sans vertu ni vigueur
O mon sauveur
Rends-moi vainqueur
Et tel que je dois être.

Psaume 148

Louez Adonaï! Louez Adonaï du haut des cieux! Louez-le dans les lieux élevés!
Louez-le, vous tous ses anges! Louez-le, vous toutes ses armées!
Louez-le, soleil et lune! Louez-le, vous toutes, étoiles lumineuses!
Louez-le, cieux des cieux, et vous, eaux qui êtes au-dessus des cieux!
Qu'ils louent le nom d'Adonaï! Car il a commandé, et ils ont été créés.
Il les a affermis pour toujours et à perpétuité; il a donné des lois, et il ne les violera point.

Louez Adonaï du bas de la terre, monstres marins, et vous tous, abîmes,

Feu et grêle, neige et brouillards, vents impétueux, qui exécutent ses ordres,

Montagnes et toutes les collines, arbres fruitiers et tous les cèdres,

Animaux et tout le bétail, reptiles et oiseaux ailés,

Rois de la terre et tous les peuples, princes et tous les juges de la terre,

Jeunes hommes et jeunes filles, vieillards et enfants!

Qu'ils louent le nom d'Adonaï! Car son nom seul est élevé; sa majesté est au-dessus de la terre et des cieux.

Il a relevé la force de son peuple: Sujet de louange pour tous ses fidèles, pour les enfants d'Israël, du peuple qui est près de lui. Louez Adonaï! Amen ! Amen ! Amen !

Sois Sans Alarmes Et Sans Frayeur

Sois sans alarmes, sans frayeur
Dieu prendra soin de toi ;
Il est ton Père et ton Sauveur
Dieu prendra soin de toi.

Refrain
Dieu prendra soin de toi
Dans le chemin, jusqu'à la fin
Il prendra soin de toi
Tous les jours, jusqu'à la fin.

Dans les jours de l'adversité
Dieu prendra soin de toi ;
Lorsque pour toi, tout est danger,
Dieu prendra soin de toi.

Si tu es seul, découragé
Dieu prendra soin de toi ;
Il est toujours ton Bon Berger
Dieu prendra soin de toi.

Ne crains donc pas le lendemain
Dieu prendra soin de toi ;
Pas à pas, ta main dans sa main
Dieu prendra soin de toi.

Psaume 149

Louez Adonaï! Chantez à Adonaï un cantique nouveau!
Chantez ses louanges dans l'assemblée des fidèles!
Qu'Israël se réjouisse en celui qui l'a créé! Que les fils
de Sion soient dans l'allégresse à cause de leur roi!
Qu'ils louent son nom avec des danses, qu'ils le
célèbrent avec le tambourin et la harpe!
Car Adonaï prend plaisir à son peuple, il glorifie les
malheureux en les sauvant.
Que les fidèles triomphent dans la gloire, qu'ils
poussent des cris de joie sur leur couche!
Que les louanges d'Adonaï soient dans leur bouche, et
le glaive à deux tranchants dans leur main,
Pour exercer la vengeance sur les nations, pour châtier
les peuples,
Pour lier leurs rois avec des chaînes et leurs grands
avec des ceps de fer,
Pour exécuter contre eux le jugement qui est écrit!
C'est une gloire pour tous ses fidèles. Louez Adonaï!
Amen ! Amen ! Amen !

J'ai Soif De Ta Présence

J'ai soif de ta présence,
Divin chef de ma foi.
Dans ma faiblesse immense,
Que ferais-je sans toi ?

Refrain
Chaque jour, à chaque heure,
Oh! J'ai besoin de toi !
Viens, Jésus et demeure
Auprès de moi!

Pendant les jours d'orage,
D'obscurité, d'effroi,
Quand faiblit mon courage,
Que ferais-je sans toi?

O Jésus, ta présence,
C'est la vie et la paix
La paix dans la souffrance,
Et la vie à jamais.

Psaume 150

Louez Adonaï! Louez Adonaï dans son sanctuaire!
Louez-le dans l'étendue, où éclate sa puissance!
Louez-le pour ses hauts faits! Louez-le selon
l'immensité de sa grandeur!
Louez-le au son de la trompette! Louez-le avec le luth et
la harpe!
Louez-le avec le tambourin et avec des danses! Louez-le
avec les instruments à cordes et le chalumeau!
Louez-le avec les cymbales sonores! Louez-le avec les
cymbales retentissantes!

Que tout ce qui respire loue Adonaï! Louez Adonaï!
Amen ! Amen ! Amen !

De Canaan, Quand Verrons-Nous

De Canaan, quand verrons-nous
Le céleste rivage?
Vers le Jourdain, entendez-vous?
Christ nous appelle tous.
Près de lui, doux partage!
À l'abri de l'orage
Nous pourrons chanter à jamais,
Le cantique de paix.

Refrain
Oh! Quel parfait bonheur!
Quel bonheur! Quel bonheur!
Oh! Quel parfait bonheur
Après tant de labeur!
Pour toujours réunie,
L'Église en sa patrie,
Entonnera; Alléluia!
Gloire à toi, Jéhovah!

Combien alors il sera beau
D'écouter l'harmonie
Du chœur sacré louant l'Agneau
Dans un transport nouveau!
Quand notre voix unie
À cette symphonie,
Nous offrirons tous à la fois
Notre hymne au Roi des rois!

Vêtus de blanc, les rachetés
De Christ, verront la gloire.
Par sa vertu ressuscitée,

Ils diront ses bontés.
Célébrant sa victoire,
Son œuvre expiatoire,
Autour de son trône avec eux,
Nous lui rendrons nos vœux.

Du grand jour de l'éternité
Quand brillera l'aurore,
Tous consommés dans l'unité
Et dans la charité.
À Celui qu'on adore
Nous redirons encore:
Digne est l'Agneau de recevoir
Force, empire et pouvoir!

Schéma Israël

Schéma Israël, Adonaï Elohenou, Adonaï Echad.
Écoute, Israël! Adonaï est notre Dieu, Adonaï est Un.
Béni soit à jamais le nom de son règne glorieux. Tu
aimeras Adonaï, ton Dieu, de tout ton cœur, de toute
ton âme et de toute ta force.

Et ces commandements, que je te donne aujourd'hui,
soient gravés dans ton cœur. Tu les enseigneras à tes
enfants, et tu en parleras constamment, quand tu
seras dans ta maison, quand tu iras en voyage, quand
tu te coucheras et quand tu te lèveras. Tu les
attacheras comme un signe sur ta main, et ils seront
comme un fronteau entre tes yeux. Tu les écriras sur
les poteaux de ta maison et sur tes portes.

Si tu obéis aux commandements que je te prescris
aujourd'hui, si tu aimes Adonaï, ton Dieu, et si tu le
serve de tout ton cœur et de toute ton âme, Je donnerai

à ton pays la pluie en son temps, la pluie de la première et de l'arrière-saison, et tu recueilleras ton blé, ton vin et ton huile. Je mettrai aussi dans tes champs de l'herbe pour ton bétail, et tu mangeras et tu seras rassasié.

Mais, garde bien ton cœur contre la séduction ; ne t'écarte pas du vrai chemin ; ne vas pas servir d'autres dieux et ne te prosterne pas devant eux. Autrement, la colère d'Adonaï s'enflammerait contre toi; il fermerait les cieux, et il n'y aurait point de pluie; la terre ne donnerait plus ses produits, et tu seras bientôt banni de ce bon pays qu'Adonaï t'aura donné.

Mettez dans ton cœur et dans ton âme ces paroles que je te dis. Tu les attacheras comme un signe sur ta main, et portez-les comme un fronteau entre tes yeux. Tu les enseigneras à tes enfants, et tu leur en parleras quand tu seras dans ta maison, quand tu iras en voyage, quand tu te coucheras et quand tu te lèveras. Tu les écriras sur les poteaux de ta maison et sur tes portes.

Et alors tes jours et les jours de tes enfants, dans le pays qu'Adonaï a juré à tes ancêtres de leur donner, seront aussi nombreux que les jours des cieux le seront au-dessus de la terre.

Adonaï dit à Moïse: Parle aux enfants d'Israël, et dis-leur qu'ils se fassent, de génération en génération, une frange au bord de leurs vêtements, et qu'ils mettent un cordon bleu sur cette frange du bord de leurs vêtements. Quand tu auras cette frange, tu la regarderas, et tu te souviendras de tous les commandements d'Adonaï, et les mettre en pratique ; et tu ne t'écartes pas pour suivre les mauvais penchants de ton cœur, et ne laisse pas tes yeux t'entraîner à l'infidélité. Ainsi, tu te souviendras de mes commandements, tu les mettras en pratique, et tu seras consacré pour ton Dieu.

Je suis Adonaï, ton Dieu, qui t'a fait sortir du pays d'Égypte, pour être ton Dieu. Je suis Adonaï, ton Dieu.

Qui est comme toi parmi les dieux, ô Adonaï? Qui est comme toi, magnifique en sainteté, digne de louanges, Opérant des prodiges? Et Israël, libre par un nouveau cantique, exaltera ton nom sur les bords de la mer. Tous te rendirent hommage, tous te proclamèrent Roi, et d'une voix unanime ils s'écrièrent : Adonaï règnera éternellement et à toujours. O libérateur, ton nom est Adonaï Tzébaoth, le Saint d'Israël. Amen ! Amen ! Amen !

Lorsque Devant L'agneau

Lorsque devant l'Agneau,
S'ouvrira le Grand Livre
Ou sont inscrits les noms
Des coupables absous,
Dans le ciel, pour jamais
Nous aurons droit de vivre ;
Sous le regard de Dieu,
Le repos sera doux.

Refrain
Serrez-vous avec nous
Au divin rendez-vous ! (Bis)

Nous serrons tous assis
A la table du Maître,
Jouissant du bonheur
Des amis de l'Epoux ;

Comme il nous a connus,
Nous pourrons le connaître ;
Sous le regard de Dieu,
L'amour sera bien doux.

Du revoir éternel
Nous connaîtrons les charmes ;
Pour ne plus les quitter,
Nous retrouvons tous
Les amis dont la mort
Nous coûta tant de larmes !
Sous le regard de Dieu,
Le repos sera doux.

Amidah

Adonaï, ouvre mes lèvres, et ma bouche publiera tes
louanges. Sois loué, Adonaï notre Dieu et le Dieu de
nos ancêtres.

Le Dieu d'Abraham, Dieu d'Isaac, et Dieu de Jacob.
Dieu grand,   tout-puissant et redoutable. L'Être
suprême, créateur de tout, qui fait des bonnes actions
par des grâces. Tu te souviens de la fidélité des
patriarches, et tu enverras un rédempteur à leurs
descendants, pour la gloire de ton nom, et la
manifestation de ton amour. Souviens-toi de nous
pour la vie, O Roi qui aime tout ce qui a vie, et inscris-
nous dans le Livre de la Vie, pour l'amour de toi-même,
O Dieu vivant ! O Roi, notre sauveur, notre protecteur
et notre bouclier ! Sois loué, Adonaï, le Bouclier
d'Abraham.

Tu es à jamais tout-puissant, Adonaï ; tu ressuscites les morts, tu es fort pour secourir. Tu fais tomber la rosée ; Tu commandes aux vents, et tu fais tomber la pluie. Par ta grâce, tu nourris les vivants, et par ta grande miséricorde tu ressuscites les morts ; tu soutiens les faibles, tu guéris les malades, tu brises les fers des esclaves, et tu gardes fidèlement tes promesses à ceux qui dorment dans la poussière. Qui est comme toi, Adonaï, le tout-puissant ; et qui peut être comparé à toi? O notre Roi, tu fais mourir, tu ressuscites les morts, et tu fais germer le salut. Qui peut t'être comparé, O Père miséricordieux ! Tu te souviens de tes créatures, et tu les fais vivre par ta miséricorde. Et tu accompliras fidèlement ta promesse de ressusciter les morts. Soit loué, Adonaï, qui ressuscite les morts.

Nous te sanctifions et nous faisons éclater ta gloire comme les saints Séraphins te sanctifient dans leur langage doux, sacré et mystérieux. Ainsi, qu'il est écrit par ton prophète Isaïe, l'un avertit l'autre, et tous s'écrient : Kadosch, Kadosch, Kadosch, Adonaï Tzebaoth. Toute la terre est remplie de sa majesté! Que la majesté de Jéhovah soit louée en son séjour. Et dans tes Saintes Ecritures il est dit : Adonaï règne éternellement. Ton Dieu, O Sion, règnera de génération à génération, Alléluia! Tu es saint, ton saint nom est saint, et les saints te glorifient tous les jours. Sois loué, Adonaï, le Dieu saint.

Tu donnes la sagesse à l'homme, et tu guides l'intelligence des mortels. Adonaï, notre Dieu, tu nous as donné le don de la sagesse, de l'intelligence et de la perspicacité. Sois loué, Adonaï, dispensateur de la sagesse.

Ramène-nous sous ta Loi, notre Père ! Rapproche-nous de ton service, O notre Roi ! Et fais que nous retournions avec un sincère repentir vers toi. Sois loué, Adonaï, qui agrée le repentir.

Pardonne-nous, O notre Père, car nous avons péché. Fais-nous grâce, O notre Roi, car nous t'avons offensé. Tu es un Dieu bon, plein de grâces et de clémence. Sois loué, Adonaï, qui par ta grande miséricorde pardonne souvent et abondamment.

Regarde notre détresse, et prends notre défense. Délivre-nous bientôt, au nom de ta gloire, car tu es un Dieu tout-puissant. Sois loué, Adonaï, le rédempteur d'Israël.

Guéris-nous, O Adonaï, et nous seront guéris. Secours-nous, et nous serons secourus. O toi, l'objet de toutes nos louanges, apporte un remède efficace à toutes nos douleurs, à toutes nos infirmités, car tu es le tout-puissant Roi, notre seul et vrai guérisseur. Sois loué, Adonaï, qui guérit les malades de ton peuple Israël.

Bénis, O Adonaï, notre Dieu ! Bénis les œuvres de nos mains, bénis cette année et accorde-nous des rosées bienfaisantes, des rosées de bénédiction et d'abondance. Que la fin de cette année soit couronnée de bonheur, de vie et de paix, car tu es un Dieu bon et bienfaisant, et tu bénis les années. Sois loué, Adonaï, qui bénit les années.

Fais retentir la trompette de la liberté. Déploie la bannière pour rassembler nos exilés, et rallier-nous ensemble des quatre coins de la terre. Sois loué, Adonaï, qui réuniras et délivreras les dispersés de ton peuple Israël.

Rends-nous nos juges, comme autrefois, et nos conseillers comme dans les temps primitifs. Délivre-nous de l'affliction et de la tristesse. Et gouverne-nous,

O Adonaï, et étends sur nous ta grâce, ta miséricorde et ta justice. Sois loué, Adonaï, qui aime la droiture et la justice.

Que les calomniateurs n'y aient plus d'espoir, et que les malveillants soient anéantis. Et que tous tes ennemis soient détruits. Que la puissance de l'orgueil soit bientôt affaiblie, brisée et humiliée. Sois loué, Adonaï, qui énerve tes ennemis et abaisse les orgueilleux.

O Adonaï, notre Dieu, que ta miséricorde se réveille et s'étendre sur les justes, les fidèles, les anciens de ton peuple Israël, sur le reste de ses savants docteurs, sur les justes de toutes les nations et sur nous tous ; donne ta récompense avec bienveillance à tous ceux qui mettent sincèrement leur confiance en ton nom glorieux ; et que dans l'avenir nous ayons part à leur félicité, et nous ne serons pas humiliés, car nous aussi, nous mettons notre confiance et notre espoir en ta grâce. Sois loué, Adonaï, le soutien et l'espoir des justes.

Adonaï, Dieu de miséricorde, reviens vers ta ville, vers Jérusalem, comme tu l'as promis ; reconstruis-la très bientôt, et demeures-y ; qu'elle soit un monument éternel, et que le trône de David y soit rapidement rétabli. Sois loué, Adonaï, qui reconstruira Jérusalem.

Fais bientôt croître la postérité de David, et relève sa gloire par ton concours bienveillant, parce que nous espérons ton secours tous les jours. Sois loué, Adonaï, qui fait germer la gloire du salut.

Entend nos supplications, O Adonaï, notre Dieu, principe de toute miséricorde ! Aie pitié de nous, protège-nous, et écoute nos prières avec miséricorde et bienveillance. Car toi, O Dieu tout-puissant, tu agrées les prières et les supplications sincères, et tu ne nous renverras pas, de devant ton trône, O notre roi, sans nous avoir exaucé. Grâce, mon Dieu ! Exauce-nous, écoute nos prières, O toi qui écoute les prières de toutes créatures. Sois loué, Adonaï, qui exauce la prière.

O, Adonaï, notre Dieu, que ton peuple Israël, et avec leurs prières te soient agréables. Ramène le service dans le sanctuaire de ton Temple. Et reçois avec amour et bienveillance les offrandes et les prières d'Israël, et que le culte de ton peuple Israël, te soit toujours agréable. Et par ton inépuisable miséricorde, donne-nous ta grâce et accueille-nous favorablement, et puissent nos yeux voir ton retour à Sion. Sois loué, Adonaï qui établira le séjour de sa gloire à Sion.

Nous reconnaissons humblement que tu es Adonaï, notre Dieu, et le Dieu de nos ancêtres, aujourd'hui et à jamais. Tu es le rocher de notre vie, le bouclier de notre salut ; de génération en génération nous te rendrons grâces, et nous nous conserverons tes louanges ; pour notre vie qui est entre tes mains, et notre âme que tu préserves, pour les miracles que tu fais tous les jours en notre faveur, les merveilles dont tu nous entoures, et les bontés qui se produisent à tous moments, le matin, à midi et le soir. Dieu de bonté, ta miséricorde est infinie ; tes grâces ne tarissent jamais, et notre espoir sera éternellement en toi. Et, pour toutes ces choses, ton nom, o notre roi, soit béni, sans cesse et pour toujours. Et tous les êtres vivants te rendre grâces, Sélah. Ils loueront ton grand nom, Adonaï, notre Dieu, avec sincérité ; ils te bénissent avec vérité, car Adonaï, le Seigneur de notre salut et de notre protection est absolument bon. Sois loué, Adonaï, parfait est son nom, et lui seul es digne de louanges. Amen! Amen! Amen!

Mon Corps, Mon Cœur, Mon Ame

Mon corps, mon cœur, mon âme
Ne m'appartienne plus
Ton amour les réclame
Ils sont à toi Jésus.

Reçois mon sacrifice
Il est sur ton autel
Esprit, Esprit, descends
J'attends le feu du ciel.

En toi je me confie
Je m'abandonne à toi
Ton sang me purifie
Et ta grâce est ma loi.

Consacre mon offrande
Mets ton sceau sur mon cœur
Le sceau que je demande
C'est ton Esprit Seigneur.

Le Psaume Du SchemHamphorasch

1)   Mais toi, ô Vehuyah! Tu es mon bouclier, tu es ma gloire, et tu relèves ma tête. (3:4)

2)   Et toi, Jeliel, ne t'éloigne pas! Toi qui es ma force, viens en hâte à mon secours! (22:20)

3)   Je dis à Sitaël: Mon refuge et ma forteresse, mon Dieu en qui je me confie! (91:2)

4) Reviens, Élemiyah! Délivre mon âme; sauve-moi, à cause de ta miséricorde. (6:5)

5) J'ai cherché Mahasiyah, et il m'a répondu; il m'a délivré de toutes mes frayeurs. (34:5)

6) Chantez à Lélahel, qui réside en Sion, publiez parmi les peuples ses hauts faits! (9:12)

7) Achayah est miséricordieux et compatissant, lent à la colère et riche en bonté; (103:8)

8) Venez, prosternons-nous et humilions-nous, fléchissons le genou devant Cahétel, notre créateur! (95:6)

9) Haziel! Souviens-toi de ta miséricorde et de ta bonté; car elles sont éternelles. (25:6)

10) Aladiyah! Que ta grâce soit sur nous, comme nous espérons en toi! (33:22)

11) Vive Lauviyah, et béni soit mon rocher! Que le Dieu de mon salut soit exalté. (18:47)

12) Pourquoi, ô Hahayah! Te tiens-tu éloigné? Pourquoi te caches-tu au temps de la détresse? (10:1)

13) Poussez vers Iyézalel des cris de joie, vous tous, habitants de la terre! Faites éclater votre allégresse, et chantez! (98:4)

14) Mébahel est un refuge pour l'opprimé, un refuge au temps de la détresse. (9:10)

15) Mais Hariel est ma retraite, et le rocher de mon refuge. (94:22)

16) Hékamiyah a manifesté son salut, il a révélé sa justice aux yeux des nations. (98:2)

17) Lauviyah, notre Seigneur! Que ton nom est magnifique sur toute la terre! Ta majesté s'élève au-dessus des cieux. (8:2)

18) Juge-moi selon ta justice, Caliel, mon Dieu! Et qu'ils ne se réjouissent pas à mon sujet! (35:24)

19) J'avais mis en Leuviyah mon espérance; et il s'est incliné vers moi, il a écouté mes cris. (40:2)

20) Pahaliyah, délivre mon âme de la lèvre mensongère, de la langue trompeuse! (120:2)

21) Mais en toi je me confie, ô Nelcaël! Je dis: Tu es mon Dieu! (31:15)

22) Yéyayel est celui qui te garde ; Yéyayel est ton ombre à ta main droite. (121:5)

23) Mélahel gardera ton départ et ton arrivée, dès maintenant et à jamais. (121:8)

24) Voici, l'œil de Hahéyuyah est sur ceux qui le craignent, sur ceux qui espèrent en sa bonté. (33:18)

25) Je louerai Nitayah de tout mon cœur, je raconterai toutes tes merveilles. (9:2)

26) Je t'invoque de tout mon cœur: exauce-moi, Hahayah, afin que je garde tes statuts! (119:141)

27) Yératel, délivre-moi des hommes méchants! Préserve-moi des hommes violents. (140:2)

28) Séhéyah, ne t'éloigne pas de moi! Mon Dieu, viens en hâte à mon secours! (71:12)

29) Voici, Réyiyel est mon secours, et le soutien de mon âme. (54:6)

30) Car tu es mon espérance, Seigneur Omaël! En toi je me confie dès ma jeunesse. (71:5)

31) Je dirai tes œuvres puissantes, Seigneur Lécabel! Je rappellerai ta justice, la tienne seule. (71:16)

32) Car la parole de Vasariyah est droite, et toutes ses œuvres s'accomplissent avec fidélité. (33:4)

33) Car, Yéhuyah ordonnera à ses anges de te garder dans toutes tes voies. (91:11)

34) Israël, mets ton espoir en Léhayah, dès maintenant et à jamais! (131:3)

35) J'aime Chavaquiyah, car il entend ma voix, et exauce mes supplications. (116:1)

36) Menadel! J'aime le séjour de ta maison, le lieu où ta gloire habite. (26:8)

37) Aniel, tu mets devant toi nos iniquités, et à la lumière de ta face nos fautes cachées. (90:8)

38) Car tu es mon refuge, ô Haamiah! Tu fais du Très Haut ta retraite. (91:9)

39) Écoute, Rehael, aie pitié de moi! , Rehaël secours-moi! (30:11)

40) Pourquoi, Ieiazel, repousses-tu mon âme? Pourquoi me caches-tu ta face? (98 :15)

41) Que Hahahel extermine toutes les lèvres flatteuses, la langue qui discourt avec arrogance. (12:4)

42) Mikaël te gardera de tout mal, il gardera ton âme. (121:7)

43) O Veualiah! j'implore ton secours, et le matin ma prière s'élève à toi. (88:14)

44) Agrée, ô Ielahiah! les sentiments que ma bouche exprime, et enseigne-moi tes lois! (119:108)

45) Quand je dis: Mon pied chancelle! Ta bonté, ô Sealiah! Me sert d'appui. (94:18)

46) Ariel est bon envers tous, et ses compassions s'étendent sur toutes ses œuvres. (145:9)

47) Que tes œuvres sont grandes, ô Asaliah! Que tes pensées sont profondes! (92:6)

48) Mihaël a manifesté son salut, il a révélé sa justice aux yeux des nations. (98:2)

49) Vehuel est grand et très digne de louange, et sa grandeur est insondable. (145:3)

50) Daniel est bon envers tous, et ses compassions s'étendent sur toutes ses œuvres. (145:9)

51) Que la gloire de Hahasiah subsiste à jamais! Que Hahasiah se réjouisse de ses œuvres! (104:31)

52) Je louerai Imamiah à cause de sa justice. Je chanterai le nom de Imamiah, du Très Haut. (7:18)

53) Je sais, ô Nanaël! que tes jugements sont justes; c'est par fidélité que tu m'as humilié. (119:75)

54) Nithael a établi son trône dans les cieux, et son règne domine sur toutes choses. (103:19)

55) Mais toi, Mebahiah! tu règnes à perpétuité, et ta mémoire dure de génération en génération. (102:13)

56) Poyel soutient tous ceux qui tombent, et il redresse tous ceux qui sont courbés. (145:14)

57) Vous qui craignez Nemamiah, confiez-vous en Nemamiah! Il est leur secours et leur bouclier. (115:11)

58) Reviens, Ieialel! Délivre mon âme; sauve-moi, à cause de ta miséricorde. (6:5)

59) Du lever du soleil jusqu'à son couchant, que le nom de Harahel soit célébré! (113:3)

60) Mitraël est juste dans toutes ses voies, et miséricordieux dans toutes ses œuvres. (145:17)

61) Que le nom de Oumabel soit béni, dès maintenant et à jamais! (113:2)

62) Considère que j'aime tes ordonnances: Iahhel, rends-moi la vie selon ta bonté! (119 :159)

63) Servez Anauel, avec joie, venez avec allégresse en sa présence! (100 :2)

64) Voici, l'œil de Mehiel est sur ceux qui le craignent, sur ceux qui espèrent en sa bonté. (33:18)

65) Reviens, Damabiah! Jusques à quand? Aie pitié de tes serviteurs! (90:13)

66) Ne m'abandonne pas, Manakel! Mon Dieu, ne t'éloigne pas de moi! (38:22)

67) Fais d'Eiaël tes délices, et il te donnera ce que ton cœur désire. (37:4)

68) Louez Habuhiah! Louez Habuhiah, car il est bon, car sa miséricorde dure à toujours! (106:1)

69) Rochel est mon partage et mon calice; c'est toi qui m'assures mon lot. (16:5)

70) Au commencement, Jabamiah créa les cieux et la terre. (Gen1:1)

71) Je louerai de ma bouche hautement Haiaiel, je le célébrerai au milieu de la multitude. (109:30)

72) Mon âme, retourne à ton repos, car Mumiah t'a fait du bien. (116:7) Amen ! Amen ! Amen !

Semons Dès L'aurore

Semons dès l'aurore (2x)
Quand le soleil luit (2x)
Et semons encore
Lorsque vient la nuit
Dieu peut faire éclore,
La fleur et le fruit.

Refrain
Bon courage ami (Bis)
Nous irons joyeux

Cueillir les épis (Bis)

La tache est immense (2x)
Et dur le terrain (2x)
Mais bonne espérance
Nul travail n'est vain
De Dieu la puissance
Fait germer le grain.

Semons pour le Maître (2x)
Parlons du Sauveur (2x)
Semons car peut-être
Un pauvre pécheur
Par nous pourra naître
Au seul vrai bonheur.

Prière De demande

Lorsque vous voulez demander du secours, il est essentiel de dessiner par terre une étoile à six pointes. Ensuite ouvrez vos bras à la manière d'une balance et bougez les vers le haut, puis vers le bas, en vocalisant les syllabes : NI, NE, NO, NOU, NA. Aussitôt après, encensez l'étoile à six pointes, et puis, dites votre demande. Formulez de façon claire et précise le service souhaité. La formule doit être répétée trois fois et entre chaque récitation, il faudra encenser l'étoile à six pointes.

Fermeture Des Travaux

Qu'El Shaddaï, le Dieu d' Israël, soit béni à jamais, d'éternité en éternité. Amen! Amen! Amen!

Qu'El Elohim, le Dieu d' Israël, soit béni à jamais, d'éternité en éternité. Amen! Amen! Amen!

Qu'El Adonaï, le Dieu d' Israël, soit béni à jamais, d'éternité en éternité. Amen! Amen! Amen!

XIII

La Théurgie : Création D'Un Élémental

En s'emparant de la pensée qui produit les diverses formes, on devient le maître des formes et on les fait servir à ses usages. Eliphas Levi

L'Elémental travaille indépendamment du temps et de l'espace, et il peut accomplir sa tâche dans un clin d'œil. Il est vrai, que le même pouvoir, c'est-à-dire l'Elémental, peut-être employé pour faire le bien ou le mal.

Les Elémentaux ont une tendance à développer une vie personnelle. Souvent, ils développent une personnalité identique ou très rapprochée avec le caractère du praticien. Par conséquent, le plus long temps que vous travaillez avec eux, le plus fort ils deviendront, parce qu'ils ont été chargés plusieurs fois.

Avant de vous révélez la méthode par laquelle vous pouvez créer un Élémental, il est indispensable de vous avertir que vous serez responsable pour toutes les actions commises par cette entité psychique.

Avant de commencez la création d'un Élémental, vous devez faire une liste des tâches que vous voulez accomplir avec l'aide de l'Élémental. Puis, choisissez un nom, le sexe et la forme de l'Élémental. La configuration de l'Élémental pourrait être une figure géométrique, elle peut avoir la physionomie d'un animal, ou le visage d'une personne. Où, toutes autres formes que vous désirez.

Ensuite, vous devez sélectionner l'élément ou les éléments que vous voulez accorder à l'Élémental. Et, si vous désirez, vous pouvez créer un Élémental qui possède toutes les énergies des cinq éléments.

Donc, quand vous êtes prêt à créer un Élémental, vous obtenez un crâne humain. Si ce n'est pas possible, un faux crâne ou tout autre objet simple peut être utilisé pour ce but. Alors, avec votre volonté concentrée, appelez dans l'objet choisi un Élémental. Simplement, imaginez que vous avez attiré dans l'objet un Élémental du Cosmos. Puis, rassemblez les énergies des éléments dans votre corps, et alors transmettez ces énergies dans l'objet. Pour accomplir tous ceux-ci, simplement utilisez votre imagination et votre volonté.

Aussitôt après, vous donnerez à l'Élémental son nom. Sans un nom, rien n'est possible. Dites a haut voix son nom trois fois (3x), et donc dit "Soyez Vivant! Soyez Vivant! Soyez Vivant!

Subséquemment, déterminez le mot ou le geste qui vous permettra de commander l'Élémental d'allez ou de revenir immédiatement dans l'objet. Vous devriez lui assigner aussi toutes les qualités qu'il devrait posséder en les transférant vous-même dans l'Élémental.

Pendant votre méditation du matin assurez-vous que l'Elémental est revenu à son corps (l'objet assigné). Si l'Elémental a été envoyé pour accomplir une mission, même si il était incapable de l'accomplir, rappelez-le avec l'ordre choisi, et répétez le chargement magique jusqu'à ce que vous accomplissiez un résultat satisfaisant.

Mais, n'oubliez pas, que si pour n'importe quelle raison vous perdez le contrôle sur l'Élémental, vous serez néanmoins responsable pour toutes ses actions.

Aussi, souvenez-vous, que la Loi Divine punira inévitablement ceux qui s'adonnent aux mauvais usages de la pensée, et ils vivront pour le regretter. En tout cas, toutes les dettes karmiques doivent être payées, et seront payées, d'une façon ou d'une autre.

XIV

Méthodes D'Envoûtement

Ce chapitre va dévoiler à nos lecteurs des croyances spécifiques et des pratiques secrètes du Vaudou et de la Sorcellerie. Notre intention est simplement d'informer les non-initiés. Et, nous espérons sincèrement, qu'aucun de nos étudiants n'essaiera jamais de mettre en pratique ces méthodes.

Pour mieux comprendre les différentes méthodes présentées dans ce chapitre, il est essentiel d'acquérir une connaissance adéquate à propos de certains principes, notamment, les principes de similitude, de contagion et de résonance.

Le Principe de Similitude – Par le processus d'identification, on peut consciemment utiliser un symbole comme une représentation d'une chose, et ainsi, un lien invisible est créé intimement dans le plan mental entre les deux.

Le Principe de Contagion – Chaque particule qui compose une chose contient et rayonne le même taux vibratoire que la chose elle-même. Pour s'assurer qu'un rapport énergétique est aussi établi entre les deux, quelque matérielle appartenant à la chose est physiquement attachée à ce symbole. En ce faisant, la représentation et la chose réelle vibrent maintenant à la même fréquence. Ainsi, n'importe quoi fait à la représentation affectera directement la chose réelle.

Le principe de Résonance – Les forces psychiques qui sont envoyées par l'envoûteur ont une fréquence très basse. Ainsi, leurs taux vibratoires ne peuvent pas atteindre un vrai initié, parce qu'en réalité, il vibre dans un état de conscience extrêmement avancé. Donc, les fluides émanés du sorcier ont une lourdeur presque matérielle, et ne peuvent pas accéder à de telle hauteur. La conscience et l'énergie sont inséparables, et notre état de conscience détermine toujours notre fréquence ou taux de vibration.

De toute façon, les effets des envoûtements sur le Mental Universel deviendront une réalité, seulement si la victime possède une quantité suffisante de méchanceté au sein de lui-même. Tous ces types de phénomènes et des manifestations restent sur le principe de résonance.

Ceux qui ont sérieusement pratiqués ces secrets les plus sombres, ne les révéleront jamais. Et, notre but est simplement de les divulguer. Dans la pratique, qu'il s'agisse de la Kabbale Pratique ou de la Sorcellerie, le travail du praticien est purement mental. En d'autres termes, les énergies spirituelles circulent d'abord au sein du praticien, et après, elles sont projetées vers l'extérieur.

Le transfert de la Pensée est une véritable puissance. Il est utilisé dans la réussite d'une malédiction sur un ennemi. La distance ne semble avoir absolument aucune limitation sur la façon dont fonctionne l'envoûtement. En fait, les praticiens de la Sorcellerie accomplissent souvent ce transfert très aisément. Un instrument, un vaisseau, un canal est souvent utilisé. C'est à travers ce moyen, que la transmission de la pensée est accomplie avec succès. Le vaisseau lui-même est simplement un symbole qui représente la victime choisie. Un vaisseau qui est utilisé couramment pour ensorceler un autre individu est une poupée. Donc, cette poupée est le moyen par lequel le contact direct est établi entre le praticien et la personne qu'il veut être tombé malade, blessé, ou tué. L'acte réel est le résultat final d'une puissance, qui n'est autre qu'un courant concentré de la pensée.

Dans tous les rituels employés dans la Sorcellerie pour ensorceler une autre personne, une image brute de l'ennemi est toujours utilisée. Certains d'entre eux ont utilisés des poupées faites avec de l'argile, du papier et de pâte; parfois, ils ont également utilisés des poupées faites avec de cire molle et de moulage du beurre.

J'introduirai maintenant une méthode commune qui utilise une poupée typique du vaudou. Après avoir acheté une telle poupée, le praticien ouvre une petite fente dans l'un des côtés et il place à l'intérieur de la poupée les matières nécessaires, telles que les débris des ongles, rasages de la peau, l'ongle des orteils et les cheveux. Et, les revêtements de la poupée, doit être quelque chose récemment porté par la victime, tel qu'une chemise, culotte, chaussettes, et ainsi de suite.

Ensuite, un animal devrait être tué dans un rituel sacrificatoire. Quelques gouttes de son sang doivent être ajoutées avec les éléments nécessaires. Le sang est un ingrédient très important, parce qu'il permet au praticien la possibilité de former un rapport direct et intense avec la force vitale universelle. Mieux encore, si la victime projetée est une femme, quelques gouttes de son sang menstruel devraient être utilisées. Ce type de sang est considéré comme le plus puissant de tous les genres, et devrait certainement être procuré et employé lorsqu'il est disponible.

Après que la poupée soit préparée correctement, on concentre l'esprit sur la forme-pensée ou l'image mentale de la victime. Ensuite, la forme-pensée est projetée dans la poupée, et, on donne à la poupée le nom de l'ennemi. Le nom de la victime est répété lentement, plusieurs fois. Progressivement, des épingles neuves ou des aiguilles sont alors collées lentement dans la poupée à plusieurs points sélectionnés. La victime sentira la douleur dans la région identique. Ou Et, si l'épingle arrive à traverser un organe vital, la victime peut même mourir. A travers de pareils usages, l'occultiste peut causer la douleur physique, l'inconfort, et même la mort.

Une différente méthode pour causer l'inconvénient extrême est de lier un fil noir de coton autour du cou de la poupée. Cela peut être resserrées ou défait à volonté. Elle provoque la victime à étouffer, et à lutter pour obtenir de l'air. Cela est dit aussi pour causer la mort si le praticien le juge nécessaire. Encore, la concentration profonde est un facteur majeur dans la transmission de la pensée.

La méthode suivante utilise une bougie noire et un papier parcheminé. La bougie est frottée avec de l'huile parfumée de camphre ou de cannelle. Puis, on allume la bougie. L'occultiste imagine la victime étant dans la flamme. Lorsque le visage de la victime est distinctement visible devant son œil spirituel, il commence l'invocation. Il dépend du praticien à quel dieu ou déesse qu'il va donner l'ordre. L'exécution de la malédiction est déléguée à une seule des divinités. Dans toutes ces méthodes, nous supposerons que la déesse noire connu sous le nom de Smashan Kali est utilisée, et que le nom de la victime projetée est Marie.

Donc, il créera et récitera une incantation semblable à la suivante: "Smashan Kali, je maudis Marie. Que Marie s'enroule dans la douleur avec des crampes de l'estomac pour sept jours consécutifs, à partir d'aujourd'hui. Qu'elle soit tourmentée, engendrée dans la peur et qu'elle ne trouve pas de repos. Samashan Kali, que Marie soit dans l'obscurité, et qu'elle soit poursuivie par toute sorte d'épreuve et de détresse. C'est mon désir. Qu'il en soit ainsi!" Subséquemment, chaque phrase est immédiatement écrite sur le parchemin après qu'elle ait été parlée.

Comme je l'ai déjà dit, je conclurai ce chapitre en rappelant encore à mes lecteurs de garder toujours dans l'esprit, que la Loi Divine est infaillible, impartiale, et éternelle. Toutes les fois que, nous créons un trouble dans l'équilibre universel, nous devons restaurer cette balance à son état original. Nous devons rectifier nos actions. Nous devons neutraliser les forces mauvaises ou diaboliques que nous avons créées. Et, cette correction est réalisée soit en subissant des souffrances insupportables ou en faisant de bonnes actions. Ainsi, nous devons être prudents de ne jamais utiliser le pouvoir de la pensée pour nuire les autres.

XV

Méthodes De Contre Envoûtement

Ouverture Des Travaux

Qu'El Shaddaï, le Dieu d' Israël, soit béni à jamais, d'éternité en éternité. Amen! Amen! Amen!

Qu'El Elohim, le Dieu d' Israël, soit béni à jamais, d'éternité en éternité. Amen! Amen! Amen!

Qu'El Adonaï, le Dieu d' Israël, soit béni à jamais, d'éternité en éternité. Amen! Amen! Amen!

Un Hymne De Louange Au Seigneur

Adonaï a crée la terre par Sa Puissance (Keter), et Il l'a préservée par Sa Sagesse (Chokmah) et Il a étendu les cieux par Son Intelligence (Binah). A sa voix, il y a le tonnerre dans les cieux. Il fait monter les nuages des extrémités de la terre. Il produit les éclairs et la pluie, et Il tire le vent de ses trésors. Comparé à lui, tous les gens sont stupides et n'ont aucune connaissance du tout. Ils font des idoles, mais les idoles discréditeront leurs constructeurs, car elles ne sont que des mensonges. Il n'y a point de vie ou de pouvoir en ces fétiches. Les idoles sont sans valeur, elles sont des mensonges! Le temps viendra où elles seront toutes détruites. Mais, Adonaï Tzébaoth, le Dieu d'Israël n'est pas une idole! Il est le Créateur de tout ce qui existe, y compris son peuple, sa propre possession. El Shaddaï est Son Nom. Amen! Amen! Amen!

Psaume 51

Au chef des chantres. Psaume de David. Lorsque Nathan, le prophète, vint à lui, après que David fut allé vers Bath Schéba.

O Adonaï! Aie pitié de moi dans ta bonté; selon ta grande miséricorde, efface mes transgressions;

Lave-moi complètement de mon iniquité, et purifie-moi de mon péché.

Car je reconnais mes transgressions, et mon péché est constamment devant moi.

J'ai péché contre toi seul, et j'ai fait ce qui est mal à tes yeux, en sorte que tu seras juste dans ta sentence, sans reproche dans ton jugement.

Voici, je suis né dans l'iniquité, et ma mère m'a conçu dans le péché.

Mais tu veux que la vérité soit au fond du cœur: Fais donc pénétrer la sagesse au dedans de moi!

Purifie-moi avec l'hysope, et je serai pur; lave-moi, et je serai plus blanc que la neige.

Annonce-moi l'allégresse et la joie, et les os que tu as brisés se réjouiront.

Détourne ton regard de mes péchés, efface toutes mes iniquités.

O Adonaï! Crée en moi un cœur pur, renouvelle en moi un esprit bien disposé.

Ne me rejette pas loin de ta face, ne me retire pas ton esprit saint.

Rends-moi la joie de ton salut, et qu'un esprit de bonne volonté me soutienne!

J'enseignerai tes voies à ceux qui les transgressent, et les pécheurs reviendront à toi.

O Adonaï, Dieu de mon salut! Délivre-moi du sang versé, et ma langue célébrera ta miséricorde.

Adonaï! Ouvre mes lèvres, et ma bouche publiera ta louange.

Si tu eusses voulu des sacrifices, je t'en aurais offert; mais tu ne prends point plaisir aux holocaustes.

Les sacrifices qui sont agréables à Adonaï, c'est un esprit brisé: O Adonaï! Tu ne dédaignes pas un cœur brisé et contrit.

Répands par ta grâce tes bienfaits sur Sion, bâtis les murs de Jérusalem!

Alors tu agréeras des sacrifices de justice, des holocaustes et des victimes tout entières;

Alors on offrira des taureaux sur ton autel. Amen ! Amen ! Amen !

L'Évangile Selon Saint-Jean

Au commencement était la Parole, et la Parole était avec Dieu, et la Parole était Dieu.

Elle était au commencement avec Dieu.

Toutes choses ont été faites par elle, et rien de ce qui a été fait n'a été fait sans elle.

En elle était la vie, et la vie était la lumière des hommes.

La lumière luit dans les ténèbres, et les ténèbres ne l'ont point reçue.

Il y eut un homme envoyé de Dieu: son nom était Jean.

Il vint pour servir de témoin, pour rendre témoignage à la lumière, afin que tous crussent par lui.

Il n'était pas la lumière, mais il parut pour rendre témoignage à la lumière.

Cette lumière était la véritable lumière, qui, en venant dans le monde, éclaire tout homme.

Elle était dans le monde, et le monde a été fait par elle, et le monde ne l'a point connue.

Elle est venue chez les siens, et les siens ne l'ont point reçue.

Mais à tous ceux qui l'ont reçue, à ceux qui croient en son nom, elle a donné le pouvoir de devenir enfants de Dieu, lesquels sont nés,

Non du sang, ni de la volonté de la chair, ni de la volonté de l'homme, mais de Dieu. Et la parole a été faite chair ;

Et, elle a habité parmi nous, pleine de grâce et de vérité; et nous avons contemplé sa gloire, une gloire comme la gloire du Fils unique venu du Père.

Jean lui a rendu témoignage, et s'est écrié: C'est celui dont j'ai dit: Celui qui vient après moi m'a précédé, car il était avant moi.

Et nous avons tous reçu de sa plénitude, et grâce pour grâce;

Car la loi a été donnée par Moïse, la grâce et la vérité sont venues par Jésus Christ.

Personne n'a jamais vu Dieu; le Fils unique, qui est dans le sein du Père, est celui qui l'a fait connaître.

Salutation Mystique

Alors, on se tient debout face à l'Est, et en pointant le poignard au-dessus et regardant vers le haut, vibrer la séquence « Yod Hé Vau. »

Puis, en regardant fixement vers le bas et en pointant le poignard vers le sol, vibrez la séquence « Yod Vau Hé. »

Alors, en faisant face à l'est vibrer la séquence « Hé Yod Vau. »

Alors, en faisant face à l'ouest vibre la séquence « Hé Vau Yod. »

Puis, face au nord, vibrer la séquence « Vau Hé Yod. »

Après, faisant face au Sud, vibrer la séquence « Vau Yod Hé. »

Encore une fois, face à l'est et vibrer la séquence « Yod » trois fois, utilisé l'ampleur pleine de votre souffle.

Conjuration Des Anges

Levez-vous, Seigneur, et hâtez-vous. Mon Dieu, qui sanctifiez tout endroit consacré à votre service, daignez sur ce lieu opératoire, verser vos bénédictions en sort que quiconque y viendra vous invoquer, ressente l'aide de votre miséricordieuse bonté. Par Jésus-Christ notre Seigneur. Amen !

Dieu Tout-puissant, Sage, Fort, Etre des êtres, Créateur du monde, venez en ce lieu et sanctifiez-le par votre présence et votre majesté, afin que la pureté, la chasteté, la plénitude de la Loi y résident, et de même que la fumée de cet encens monte jusqu'à vous, que votre Vertu et votre Bénédiction y descendent. Et vous Anges, et vous tous Esprits, soyez présents a cette consécration par le Dieu Vrai, le dieu Saint, par le Dieu de toutes créatures, par le Dieu Vivant et Eternel qui nous à tous crées de rien et qui peut nous replonger dans le néant par Sa Sagesse. Amen !
Ainsi a dit l'Eternel : Le Ciel est mon trône et la Terre mon marchepied. Quelle maison me bâtirez-vous ? Quel lieu sera celui de mon repos ? Ainsi je me réjouis quand on m'a dit : Allons à la demeure de l'Eternel. Nos s'arrêtent en tes portes, O Jérusalem. Que la paix soit en tes murailles et la sécurité en tes palais. Car si l'Eternel ne bâtit la Maison, ceux qui la bâtissent, travaillent en vain. Si l'Eternel ne garde la ville, ceux qui la gardent, la gardent en vain. Dieu de Force et de Grandeur, Etre des êtres, Sanctificateur Tout-puissant, qui a tout crée de rien, ne méprise point tes serviteurs, mais qu'il te plaise de Purifier + Consacrer + et Sanctifier ce lieu nécessaire à ton service. Ordonne

donc à tes Anges d'y descendre et résider pour Ta Gloire et Ton Service. Amen !

Je vous conjure, au nom des vingt-quatre vieillards, au nom des neuf chœurs dont vous êtes, O **MICHAEL**, gardien de l'Orient. **(Allumez la première Lumière).**

Je vous conjure, au nom des Anges, des Archanges, des Trônes, des Dominations, des Principes, des Puissances, des Vertus, des Chérubins, et des Séraphins ! Au nom des Quatre Forces Mystérieuses qui portent le Trône du Très-Haut, et qui ont des yeux en avant et en arrière ! Au nom de tout ce qui contribue a notre Salut !

Je vous conjure, Esprit de Lumière, au nom du Vrai Dieu, du Dieu de Vie ! Au nom des Sept Chandeliers Mystérieux qui sont dans la main droite de Dieu. Au nom des Sept Eglises d'Asie ! Au nom d'Ephèse, au nom de Smyrne, au nom de Pergame, au nom de Thyatire, au nom de Sardes, au nom de Philadelphie, et au nom de Laodicée !

Je vous conjure, par le Ciel et par la Terre, par le Soleil et par la Lune, par le Jour et par la Nuit ! Par tout ce qui se trouve, par toutes les Vertus qui y sont encloses, par les Quatre Eléments Primordiaux, par tout ce qui peut être dit ou pense du Créateur Souverain, de Sa Suprême Volonté, de la Cour Céleste ou Il règne ! Par celui qui a tout produit de rien, des le commencement, par les phalanges glorieuses dont Vous êtes ! Par les Saints, par tous ceux qui, nuit et jour, d'une seule voix ne cessent de chanter que : Saint, Saint, Saint est le Seigneur, le Dieu des Armées du Ciel ! Les Cieux et la Terre sont remplis de Sa Gloire ! Hosannah au plus haut des Cieux !

Je vous conjure, Intelligence Illuminatrice, Messager de Lumière ! Je vous conjure, au nom de **URIEL,** le Gardien du Septentrion ! **(Allumez la deuxième Lumière).**

Je vous conjure, au nom de **RAPHAEL**, le Gardien du Midi ! **(Allumez la troisième Lumière).**

Je vous conjure, au nom de **GABRIEL**, le Gardien de l'Occident. ! **(Allumez la quatrième Lumière).**

Je vous conjure, Messagers Divins, par les Sept Candélabres d'Or qui brillent devant l'Autel de Dieu ! Par la cohorte des bienheureux qui suivent les pas de l'Agneau immaculé ! Je vous conjure, O Céleste SEALTHIEL **(Allumez la cinquième Lumière),** au nom de tous les Saints que Dieu s'est choisi des et bien avant la Création du Monde ! Par leurs mérites agréables à Dieu !

Je vous conjure, O Puissance Invisible, mais Présente ! Je vous conjure, O Puissance Redoutable, au nom du Seigneur ! Par la gloire de ce Nom Divin, manifeste dans le Monde les plus beaux Attributs de Dieu.

Je vous conjure, et vous adjure, O **JEHUDIEL (Allumez la sixième Lumière),** au nom de ces Attributs eux-mêmes ! Qu'a l'appel de leurs syllabes toujours puissantes, vous quittiez les Célestes Séjours. Qu'à leur évocation, Vous daigniez, O Puissance Illuminatrice, descendre en ce lieu, y instruire Votre Indigne Serviteur, guider et conduire ses travaux !

Je vous conjure, au Nom de Adonaï Meleck, le Maître du Royaume des Formes ! Je vous conjure, au Nom de Shaddaï, Miroir de Vérité ! Je vous conjure, au Nom de Hod, Seigneur et Maître des Divines Paroles ! Je vous conjure, au Nom de Netzach, Souveraine Essence de

Beauté ! Je vous conjure au Nom de Tiphereth, Principe du Royaume de Gloire ! Je vous conjure au Nom de Binah, Sagesse Incréée ! Je vous conjure au Nom de keter, Horizon d'Eternité !

Je vous conjure, O Céleste Instructeur, au Nom de Tetragrammaton ! Je vous conjure au Nom d'Heieh ! Je vous conjure, au Nom d'Elohim ! Je vous Conjure, au Nom d'Elohah ! Qu'il en soit ainsi, au Nom Béni du Seigneur !

Je vous adjure, O Céleste **HOCHMAEL**, en souvenir de l'Arc au Sept Couleurs, qui parut dans la nue, montrant ainsi l'Alliance entre l'Eternel et le patriarche Noé ! Je vous conjure, en souvenir de la Lumineuse Colonne qui environna l'Arche d'Alliance, montrant ainsi l'Alliance entre l'Eternel et les Fils d'Abel ! Je vous conjure, Puissances Célestes, en souvenir des Signes que vous fîtes paraitre dans les nues, peu avant la destruction du Temple.

Je vous conjure, O Esprits de Lumière et de Vérité ! En souvenir des Signes qui accompagnèrent la Nativité du Sauveur ! En souvenir de l'Alléluia, des vallées de Bethléem ! En souvenir de votre message aux Bergers ! En souvenir de l'Astre Lumineux qui guida les Mages ! Que votre signe soit à mon égard le symbole de la protection que vous daignez accorder à cette œuvre théurgique ! Je vous implore, O Céleste **BINAEL**, en souvenir des signes que vous daignâtes transmettre aux Apôtres ! Daignez, O esprit de Lumière me manifester Votre Accord et Votre Aide ! Amen !

Arrangement des 6 bougies sur l'autel :
L4   L6   L2   +   L3   L5   L1

En Allumant Le Feu De L'Encensoir

Dieu Eternel, Lumière et Feu Inextinguible, daignez sanctifier et décupler la puissance de ce nouveau foyer élémentaire. Faites en sorte, Seigneur, qu'il soit sur cet autel comme fut pour votre serviteur Moise, le Buisson Ardent au Rocher d'Horeb, avec Votre Révélation et le Signe de Votre amour ! Par le Christ, Notre Seigneur. Ainsi soit-il !

Invocation

Anges de Lumière et de Paix. Messagers de la Gloire Divine, Puissances Illuminatrices et Glorieuses ! Que les fumées de cet Encens soient à Votre intention, le gage de ma reconnaissance et de ma gratitude ! Daignez, O Esprit de Lumière et de Connaissance, continuer à accorder à Votre fidèle, le merveilleux trésor de Votre Inspiration, de votre Assistance et Votre Soutien, et que désormais, la Paix Divine soit entre Vous et moi. Amen !

Conjuration Des Quatre

Ô tête morte, que le seigneur te domine par le serpent vivant et fidèle. Ô Cherub, que le seigneur te domine par Adam Jotchavah! Ô aigle errant, que le seigneur te domine par les ailes du taureau! Ô serpent, que le seigneur Tétragrammaton te domine par l'ange et le lion! Michaël, Gabriel, Raphaël, Anaël! Que la pluie s'écoule à travers l'esprit d'Elohim. Que la terre demeure par Adam Jotchavah. Que le firmament soit par Jéhovah-Zebaoth. Que le jugement advienne par le feu dans la puissance de Michaël. Ange aux yeux morts, obéis, ou écoule-toi avec cette eau sainte. Taureau ailé, travaille ou retourne à la terre si tu ne veux pas que je t'aiguillonne avec ce poignard. Aigle enchaîné, obéis à ce signe, ou retire-toi devant ce souffle. Serpent mouvant, rampe à mes pieds, ou sois tourmenté par le feu sacré et évapore-toi avec les parfums que j'y brûle. Que l'eau retourne à l'eau; que le feu brûle; que l'air circule; que la terre tombe sur la terre par la vertu du pentagramme, qui est l'étoile du matin, et au nom du tétragramme qui est écrit au centre de la croix de lumière. Amen ! Amen ! Amen !

Conjuration Des Sept

Au nom de Michaël, que Jéhovah te commande et t'éloigne d'ici, Chavajoth. Au nom de Gabriel, qu'Adonaï te commande et t'éloigne d'ici, Bélial. Au nom de Raphaël, disparais devant Elial, Samgabiel. Par Samaël Sabaoth et au nom d'Elohim Gibor, éloigne-toi, Andraméleck. Par Zachariel et Sachiel Meleck, obéis à Elvah, Sanagabril. Au nom divin et humain de Shaddaï, et par le signe du Pentagramme que je tiens dans ma main droite, au nom de l'Ange Anaël, par la puissance d'Adam et d'Heva qui sont Jotchavah, retire-toi Lilith, laisse-nous en paix Nahémah. Par les saints Elohim, et les noms des génies Cashiel, Schaltiel, Aphiel et Zarahiel, au commandement d'Orifiel, détourne-toi de nous, Moloch, nous ne te donnerons pas nos enfants à dévorer. Amen ! Amen ! Amen !

Invocation De Salomon

Puissances du royaume, soyez sous mon pied gauche et dans ma main droite. Gloire et éternité, touchez mes deux épaules et dirigez-moi dans les voies de la victoire. Miséricorde et justice, soyez l'équilibre et la splendeur de ma vie. Intelligence et Sagesse, donnez-moi la Couronne. Esprits de Malkouth, conduisez-moi entre les deux colonnes, sur lesquelles s'appuie tout l'édifice du temple. Anges de Netzah et de Hod, affermissez-moi sur la pierre cubique de Yésod. Ô Gédulaël. Ô Géburaël. Ô Tiphereth. Binaël, sois mon amour ; Ruach Hochmaël, sois ma lumière; sois ce que tu es et ce que tu seras, ô Kétheriel. Ischim, assistez-moi au nom de Shaddaï! Chérubim, soyez ma force au nom d'Adonaï. Béni-Elohim, soyez mes frères au nom du Fils et par les vertus de Sabaoth. Elohim, combattez pour moi au nom du Tétragrammaton. Malachim, protégez-moi au nom de Yod-Hé-Vau-Hé. Séraphim, épurez mon amour au nom d'Elvah. Hasmalim, éclairez-moi avec les splendeurs d'Eloï et de Shekinah. Aralim, agissez ; Ophanim, tournez et resplendissez ; Hajoth a Kadosh, criez, parlez, rugissez, mugissez : Kadosh, Kadosh, Kadosh, Shaddaï, Adonaï, Jotchavah, Eïéseréïé. Halléluyah, Halléluyah, Halléluyah. Amen ! Amen ! Amen !

La Grande Prière Majeure De Belkis Et De Salomon

O Seigneur ! Ecoute-moi !
Seigneur l'Eternel, Seigneur l'Infini, Seigneur l'Unique !
Dieu de Force, Dieu de Justice, Dieu d'Amour !
Aide-moi !
Toi qui est Flamme ! Toi qui est Feu ! Toi qui est Lumière !

Protège-moi !

Je crois en Toi, Substance spirituelle et éternelle, Etre parfait, ingénéré, immuable, qui est sans commencement, sans milieu et sans fin, et qui s'engendre éternellement soi-même !

Je crois en Toi, Architecte sublime, qui par l'effet de Ta volonté, a tiré du néant ce splendide Univers !

Je crois en Toi, Axe et Pole du Cosmos, Infini, Eternel, Incréé, Phallus érigé, Sperme fécondant, Matrice frutescente !

Je crois en Toi, Cause originelle et permanente de toute chose, dont la Droite crée pour détruire et dont la Gauche détruit pour créer !

Je crois en Toi, Ame et Stabilisateur des Mondes, dont la divine providence règle le jeu constant de la Nature et en entretient la vie !

Je crois en Toi, Appui et Moteur universel, dont l'action va de l'infinitésimal Atome à la Planète suspendue dans l'Ether !

Je crois en Toi, Seigneur ! Seigneur des Êtres et des Non-Êtres et des Entités des Trois Mondes, Père et Mère de toutes les créatures que Ta prévoyante sollicitude a pourvues d'une organisation et d'un instinct conformes à leurs fins et marquées au coin de la plus admirable Sagesse !

Je crois en Toi, Source inépuisable de Vie et d'Intelligence qui a bien voulu donner à l'Homme la Raison, cette parcelle de Toi-même, qui lui permet, O Invisible, de Te voir partout ; O Impalpable, de te sentir en tous lieux ; O Muet, de reconnaître Ta voix dans la grandiose Harmonie de l'Univers !

Car, O Seigneur, quoique Tu ne sois Rien, Tu es Tout : Tout ce qui a été, et Tout ce qui n'a jamais été ; Tout ce qui est, et tout ce qui n'est pas ; Tout ce qui sera, et Tout ce qui ne sera jamais !

Tu es la Vie, et Tu es la Mort !

Tu es le Vide, et Tu es le Plein !

Tu es l'Obscurité, et Tu es la Lumière !

Tu es le Silence, et Tu es le Bruit !

On Te trouve au-dedans et au-dehors, au-dessus et au-dessous, au centre et a la périphérie.

Tu enveloppes l'Infini, et l'Infini est rempli de Toi !

Tu embrasses et contiens le Tout, car Tout est tiré de Ton essence, et ainsi Tout est en Toi : le Passé, le Présent, le Futur !

Tu es le Tout qui est Un, et l'Un qui est Tout, termes qui se résument en un seul mot, et ce mot ne se trouve que dans le silence. AOM ! AOM ! AOM !

Récitation Du Mantra 'AOM'

Maintenant, entonner trois fois, le mantra « AOM » en ouvrant bien la bouche pour le A, l'arrondissant pour le O et la refermant pour le M ; on prolongera le son de chaque lettre et on prononcera ce mantra trois fois.

Invocation

Ma Force est dans le Nom d'Adonaï, qui a fait le Ciel et la Terre. Adonaï, écoutez ma Prière, et que mon cri monte jusqu'à Vous.

Adonaï, Dieu de Miséricorde, Dieu Patient. Très Bénin, Libéral et Sage, qui accordez Vos Grâces de mille manières et générations, qui oubliez les iniquités, les péchés et les transgressions des hommes, en la Présence de qui n'a jamais été trouvé aucun innocent, qui visitez les manquements des Pères dans les enfants et les neveux, et ce jusqu'à la troisième et la quatrième génération, je connais ma misère. Et je sais que je ne suis pas digne de paraître devant Votre Divine Majesté, ni même d'implorer et de prier Votre Bonté et Votre Miséricorde pour la moindre Grâce.

Pourtant, Adonaï, Seigneur des Seigneurs, ayez pitié de moi. Otez-moi toute iniquité et malice, lavez mon âme de toutes les immondices du péché, renouvelez en moi mon Esprit. Qu'il soit enfin à même de comprendre le mystère de Votre Grâce et les trésors de Votre Divine Sagesse. Sanctifiez-moi avec l'Huile de Votre Sanctification, avec laquelle Vous avez sanctifiés Vos Prophètes. Purifiez en moi tout ce qui m'appartient, afin que je sois un jour digne de la conversation de Vos Saints Anges. Et que Votre Divine Sagesse m'accorde enfin le pouvoir remis à Vos Prophètes sur tous les Esprits impurs. Amen! Amen! Amen!

Qu'Adonaï, le Dieu d'Israël, soit béni à jamais, d'éternité en éternité. Amen! Amen! Amen!

Bénédiction Du Poignard Cérémonial

Je vous exorcise, Poignard, créatures d'acier, de cuivre et de corne, par Ioh, le Dieu Vivant, par Ioah, le Dieu Vrai, par Iahoh, le Dieu Saint !

Je t'adjure par celui qui, au Commencement, te sépara du « Reste des Choses », afin que tu te montres protection salutaire pour celui ou ceux qui t'emploieront, et que tu ne retiennes en toi rien de la Puissance Ténébreuse et Mauvaises qui régna sur toi jusqu'à cet instant.

Que tu deviennes, au contraire, le salut spirituel et matériel, la sauvegarde et la protection de ceux qui croient en ta vertu, afin que partout où tu seras utilisée, en tous temps et en tous lieux, tu aides à la défaite de l'Adversaire et de ses légions.

Et Toi, Adonaï, Seigneur Puissant et Saint, que je confesse être le seul Vrai Dieu ! Je Te supplie ardemment de regarder d'un œil favorable et de sanctifier par la Vertu de Ta Bénédiction Sainte, ce Poignard, créature d'acier, de cuivre et de corne, afin d'en chasser à tout jamais les Esprits Démoniaques qui la hantent ou l'habitent. Par Tes Très Saints Noms : Elohim Gibor, Agla, Iéoushouah, El Hélion. Amen ! Amen ! Amen !

Par l'intercession du Bienheureux l'Archange Mikaël, lequel combattit et défit Saïthan et ses Légions, par l'intercession du Bienheureux Archange Uriel, lequel veille aux limites de la Géhenne sur les Portes du Ténébreux Royaume, par l'intercession du Bienheureux Archange, lequel conduisit Josué, par l'aide et la puissance des Patriarches qui combattirent, vainquirent, asservirent les Puissances Ténébreuses ou Démoniaques, Salomon, Moïse, Aaron, et tous les Saints du Seigneur Dieu, que l'Eternel Dieu daigne bénir et consacrer ce Poignard et l'agréer pour son service.

Que pour Tes Serviteurs et Tes Prêtres, conduits et veillés par Tes Anges, Seigneur Vrai Dieu, ce Poignard soit une sûre sauvegarde contre toutes les Puissances Ténébreuses et Mauvaises, et qu'en quelque lieu qu'on l'emploie, à quelque époque, ou telle ou telle Opération, que jamais maléfice ou molestation ne les puissent atteindre.

Qu'au contraire, elles en soient aussitôt chassées et qu'elles disparaissent à jamais sous l'immensité de Ta Puissance et de Ta Force, par la Vertu de Tes Très Saints Noms : Elohim Gibor, Agla, Ieoushouah, Elohim

Hélion, Makaba, et celle du glorieux Métatron Serpanim, Ton Envoyé. Toi qui vis et règne à jamais dans les siècles des siècles. Amen ! Amen ! Amen !

Prière A Saint Michel Archange

Très glorieux prince de la milice céleste, Saint Michel Archange, défendez-nous dans le combat que nous livrons aux princes du mal et aux puissances mauvaises, aux ténébreux inspirateurs du monde, aux esprits malfaisants qui rodent dans les hauteurs. Venez au secours des humains, que El Shaddaï a crées à son image et à sa ressemblance, qu'il a rachetés d'un grand prix, en les arrachant à la tyrannie du diable. L'Eglise vous vénère comme son gardien et son patron ; à vous le Seigneur a confié le soin de placer dans la région du bonheur céleste les âmes des fidèles, rachetés par Lui. Priez donc le Dieu de Paix, pour qu'il écrase Shaïtan sous nos pieds, et l'empêche désormais de retenir captifs les pauvres humains, et de nuire à la saint Eglise. Présentez nos prières au Très-Haut, pour que nous ressentions bien vite les effets de sa miséricorde, pour que vous-même saisissiez le dragon, l'antique serpent, c'est-à-dire le diable de Satan, et que vous le précipitez enchaîné dans l'abîme, et qu'ainsi il ne séduise plus les humains. Amen !

Invocation

Dieu du ciel et de la terre, Dieu des Anges et des Archanges, Dieu des Patriarches et des Prophètes, Dieu de Apôtres et des martyrs, Dieu des Confesseurs et des Vierges, vous qui avez le pouvoir de donner la vie après la mort, le repos après le labeur, car il n'y a pas d'autre Dieu que vous, et il ne peut y en avoir un autre. O vous, créateur de toutes choses, visibles et invisibles, vrai Dieu, unique, dont le règne n'aura point de fin, nous supplions humblement votre glorieuse majesté, en demandant que vous daigniez puissamment nous délivrer de toute influence des esprits infernaux, de leurs embûches, de leurs tromperies, de leur méchanceté, et de nous garder sains et saufs toujours. Par Yéchouah, Notre Seigneur. Amen !

Rituel De Bannissement Du Pentagramme De La Terre

Le Kabbaliste se tient devant l'autel, au centre de la pièce, face à l'Est, et il prend un poignard dans sa main droite. Il trace un pentagramme de bannissement de la Terre avec le poignard, et dit « Yod Hé Vau hé ». Puis, il tourne sur lui-même de 180 degrés vers sa droite. Maintenant, face a l'Ouest, il trace encore un autre pentagramme de bannissement de la Terre, et il vibre le Nom Divin : « El » ; de nouveau, il tourne sur lui-même de 90 degrés vers sa droite. Alors, face au Nord, il trace le même pentagramme et vibre la Formule Sacrée : « AGLA, Atah Gabor Léolam Adonaï. » Encore, il tourne sur lui-même de 180 degrés vers sa droite ; face au Sud, il trace le même pentagramme et il entonne le Nom Divin : « Elohim ».

Il retourne à l'Est, en complétant toujours le cercle en apportant le poignard au centre imaginé du premier pentagramme. Face à l'Est, il étend ses bras sous forme d'une croix, et il dit :

Au nom du Seigneur d'Israël, que l'Archange Raphaël soit devant moi ; derrière moi l'Archange Gabriel ; à ma gauche se tient l'Archange Anaël ; à ma droite l'Archange Michaël. Et au-dessus de ma tête, se tient, Sandalphon, la Présence Divine de Dieu. Qu'il en soit ainsi. Amen ! Amen ! Amen !

Prière De Protection

Shaddaï, le Tout-puissant, me sauvera; Shaddaï, le Tout-puissant, m'assistera; Shaddaï, le Tout-puissant me protégera de tous les problèmes et de la détresse.

Adonaï, le Dieu des Armées est avec nous, le Dieu de Jacob est notre forteresse, Selah. Adonaï, le Dieu des Armées, heureux l'homme qui se confie en Toi. Adonaï, Seigneur sauve-nous ; le Roi nous répondra le jour où nous faisons appel à Lui. A Adonaï est le salut, Ta bénédiction est sur Ton peuple, Selah.

Au Nom du Dieu d'Israël et au Nom d'Agla; par le pouvoir de Tes Noms Divins Tal Atla Shaddaï Tzébaoth, lève-toi avec moi. Par le pouvoir des Noms Divins Adiriroon et Niohriroon, j'irai et faire ma demande devant le Roi, qui est le Roi des Rois, le Sacré Absolu. Béni soit Adonaï, car aucun incident mauvais, ni aucun mal ne m'arrivera. Que Berakiel, me bénisse. Que Yaluwiel, soit avec moi. Que Shamariel, délivre-moi de tous les problèmes et de la détresse. Argiel,

Sargiel, Nargiel, Agaf, Shagaf, Nagaf. Adonaï me protège, Adonaï me comprend. Le soleil ne me fera pas du mal pendant le jour, ni la lune pendant la nuit. Mickaël me gardera de tout mal, Il gardera mon âme. Mélahel gardera mon départ et mon arrivée, dès maintenant et à jamais.

J'ai toujours placé Adonaï devant moi, Il est à ma droite, par conséquent je n'ai rien à craindre. Le Nom d'Adonaï est une tour de force ; là ira le juste pour y être exalté. Mais, qu'il soit convenable à toi, Adonaï, mon Dieu et le Dieu de mes ancêtres, que tu me protège de l'oeil mauvais et de l'inclination diabolique; protège-moi de toute calamité et de la dégradation, des maladies horribles et débilitantes, de tous les événements mauvais, contre les démons mâles et femelles, et contre tous les esprits maléfiques, ceux dont nous savons leurs noms et ceux dont nous ne connaissons pas leurs noms. Au Nom d'El Shaddaï qui a paru dans LVX, bénis-moi: [récitez votre nom et le nom de votre mère.]

Écoute Israël, Adonaï est notre Dieu, Adonaï est Un. Que, l'Archange Raphaël soit devant moi ; que, l'Archange Gabriel soit derrière moi ; que, l'Archange Uriel soit à ma gauche; que l'Archange Mickaël soit à ma droite; et, au-dessus de ma tête, se tient, la Shékinah, la Présence Divine de Dieu, Niohriroon Agla, grand dans les Cieux est Adonaï. Hénoch et Elie ont marché dans la voie et ils n'ont pas été des victimes ; ainsi, que je sois aussi protégé contre tous les dangers. Nous entrerons dans la voie initiatique du Nom d'Adonaï, notre Dieu à jamais.

Enfants de Jacob, viens et laisse-nous entrer dans la lumière d'Adonaï. Et je te couvrirai avec Ma Main et tu percevras Mon Dos, mais tu ne verras pas Mon Visage. Paniel Uhriel, protège-moi de tous les malheurs et dommages, avec l'aide d'Akatriel, qui s'assied parmi les éloges d'Israël. Qu'il en soit ainsi. Amen. Amen. Amen.

Fermeture Des Travaux

Qu'El Shaddaï, le Dieu d' Israël, soit béni à jamais, d'éternité en éternité. Amen! Amen! Amen!

Qu'El Elohim, le Dieu d' Israël, soit béni à jamais, d'éternité en éternité. Amen! Amen! Amen!

Qu'El Adonaï, le Dieu d' Israël, soit béni à jamais, d'éternité en éternité. Amen! Amen! Amen!

Conclusion

Pour conclure, nous allons simplement résumer certains des plus fascinants concepts mystiques de la Kabbale. Le Grand Œuvre à un double aspect. Le premier aspect traite des phénomènes. Il traite de la formation des choses matérielles, les lois cosmiques et les processus, et de la substance primordiale qui est la matière première responsable pour la manifestation et l'existence de toutes choses. Le deuxième aspect a trait à la nature même de notre être, l'âme et l'esprit (l'étincelle divine).

L'homme et l'univers n'existent pas indépendamment, mais plutôt, ils ont été formés par la pensée du Créateur. La pensée du Créateur n'est pas éphémère, parce que sa pensée est une partie intégrante de lui. Par conséquent, comme le Créateur, Sa pensée est éternelle. Pareillement, comme le Créateur, Sa pensée est indestructible.

Bien que, la pensée du Créateur, ne peut pas être détruite, toutefois, les différents phénomènes crées par cette pensée peuvent être changés. Ainsi, tous les effets qui existent dans cette création peuvent être transformés, qu'ils s'agissent des objets matériels, des circonstances ou de la conscience.

L'homme et l'univers sont les résultats ou les manifestations de la pensée du Créateur. En tant que telle, la création est très proche et chère à Lui. Comment pourrait-il être possible pour le Créateur de ne pas aimer sa propre création, sa propre pensée? Pour le Créateur, tout est sacré, car tout est une manifestation de Son Verbe, Sa pensée, également connu sous le nom de Son Universel, le Feu Spirituel, la Lumière Astrale, le Logos ou la Parole Perdue.

Le Créateur est parfait, et Sa propre pensée est aussi parfaite. Chacun de nous, c'est à dire le corps physique et l'âme, (pas l'étincelle divine ou l'esprit), est un aspect individualisé de sa pensée. Par conséquent, chacun de nous est déjà parfait. Cependant, parce que l'âme s'identifie avec le corps physique, elle se souille. Ainsi, le but réel de toutes les pratiques spirituelles est de neutraliser tous les défilements, négativités, l'ignorance et obscurcissements, de sorte que l'âme peut retrouver ou découvrir sa vraie nature, qui est la perfection et l'omniprésence.

Avant de continuer plus loin, permettez-moi de vous rappeler, mes lecteurs qui, comme moi, lorsque vous aurez atteint un stade avancé de développement spirituel, vous aurez aussi à contribuer en présentant un système qui incarne vos connaissances et expériences au profit de l'humanité.

Aussi, ne n'oublier pas que le symbolisme est le langage des vérités cachées. Il a été le véhicule utilisé par les anciens maîtres spirituels pour préserver et répandre aux générations futures les traditions secrètes de connaissances ésotériques. Ainsi, il devrait être évident pourquoi les enseignements fondamentaux de la Kabbale sont contenus dans et transmis au moyen des symboles. Et, en fait, tous les vrais ordres mystiques révèlent leurs enseignements et la vérité fondamentale de tous les temps par le symbolisme. Ainsi, la Franc-maçonnerie, le Martinisme, la Rose-Croix et l'Eglise Gnostique Catholique Apostolique sont des systèmes qui reflètent des idées et des idéaux qui devraient être considérés comme universels, car ils sont fondamentaux aux enseignements ésotériques de tous les peuples.

Le Mental Universel est Un, et Il est le Grand Architecte de l'Univers. Au début, le Mental Universel crée en lui-même l'espace, puis, Il le remplit avec de la Lumière Divine ou l'Énergie Primordiale. Peu à peu, cette Lumière c'est transformée en les Dix Sephiroth, et qui progressivement ont créé l'homme et l'univers. Puisque, l'intellect de l'homme ne peut comprendre complètement l'Infini dans son intégralité, l'Unité se déguise sous la forme de diversité, et chaque Sephirah semble apparemment séparé et individuel.

Parmi les Dix Sephiroth, seulement sept d'entre eux peuvent être vraiment introduits à la conscience humaine, puisqu'ils possèdent des attributs susceptibles d'être compris par l'homme dans son état actuel. Ces sept Sephiroth sont: Chesed (Miséricorde); Guerourah (Force); Thiphereth (Beauté); Netzach (Victoire), Hod (Splendeur); Yesod (Fondation) et Malkouth (Royaume). Les trois autres Sephiroth - Keter, Chokmah et Binah - sont au-dessus de la compréhension de l'homme, et ils ont habituellement désignés par les mystiques chrétiens par le terme la « Trinité. »

Ainsi, Keter a engendré Chokmah, puis Chockmah a donné lieu à Binah, jusqu'à ce que dix projections ou émanations eussent établi le modèle complet dans l'espace. Tous ces émanations, même si elles semblent être séparées, elles sont néanmoins, Une. La Kabbale cherche à fournir une explication de l'essence du Créateur et le processus derrière la création. Le point où les forces cosmiques ont commencé à manifester comme des choses visibles et tangibles, se réfère comme le commencement de la création. Ainsi, la création est le résultat de la projection des attributs ou des vertus du Créateur hors de lui-même dans l'espace.

La Kabbale divise l'univers en deux grandes divisions, à savoir: le Monde Inférieur et le Monde Supérieur. Les trois manifestations déjà mentionnées ci-dessus (Keter, Chokmah et Binah), constituent le Monde supérieur. Les sept autres Sephiroth composent le Monde Inférieur, également connu comme les dimensions de l'espace, ou les six jours de la création et le jour du repos.

La formule présentée par tous les ordres ésotériques n'est autre que la voie mystique. Cette méthode permet aux Initiés de communier avec la sphère la plus pure dans laquelle règne la perfection totale et incommunicable. Mais, avant de s'embarquer dans cette voie initiatique, et commencer à appliquer la formule mystique, il est essentiel d'être initié. Toutefois, cette initiation doit être est une vraie transmission d'un pouvoir spirituel, tel que l'Initiateur lui-même l'avait reçue. Et, l'initiation se fait toujours à travers l'imposition des mains, et durant la cérémonie l'initié doit recevoir un mantra ou une technique de respiration qui lui permettra de transformer la force sexuelle en force spirituelle, et aussi de stimuler les sept centres d'énergie.

L'Initiateur peut transmettre au disciple la connaissance, les enseignements de discernement et des instructions secrètes qu'il a atteint au cours de son propre développement. Toutefois, le disciple doit comprendre que le véritable progrès ou avancement est le résultat d'une expérience directe, et qu'il devrait atteindre ce stade, que par l'effort, le sacrifice, le service et la qualification personnelle. Car, bien que le disciple soit un chercheur de la vérité et il s'est offert lui-même pour la vérité, la vérité sera révélée à lui, seulement quand il a prouvé lui-même prêt ou digne pour la vérité.

La colonne vertébrale est l'axe central du système nerveux. D'après certains enseignements occultes très anciens, il y a 49 centres d'énergie dans le corps humain, dont les sept centres d'énergie les plus importants sont placés près de la colonne vertébrale à plusieurs intervalles. Chacun des sept principaux centres d'énergie est entouré de six autres, mais moins important centres d'énergie, formant ainsi des étoiles à six pointes. Ces sept centres d'énergie sont les pôles négatifs des centres d'énergie qui sont localisés dans le crâne. Le développement adéquat des sept centres d'énergie qui sont localisés le long de la colonne vertébrale est accompli par le procédé direct, c'est-à-dire, en concentrant et en circulant le souffle interne vers et autour d'eux.

De nombreuses traditions mystiques n'encouragent pas leurs adhérents à développer ces sept centres d'énergie, parce qu'ils sont les pôles négatifs. L'accent est mis uniquement sur ceux qui sont situés dans le cerveau, et qui en fin de compte, va aussi éveiller les centres d'énergie vertébraux par un processus indirect. Le processus direct est considéré dangereux, puisque la vertu n'est pas une condition ou une exigence nécessaire pour le développement de ces centres d'énergie, ainsi, le pouvoir acquis à partir de leur développement peut être improprement employé.

Donc, dans le corps de l'homme se trouvent sept plexus nerveux, qui ont un lien avec les sept énergies spirituelles caractérisées par les sept Sephirot. Ces sept plexus ou centres nerveux sont une partie du système nerveux sympathique, qui, chez la majorité des êtres humains sont encore latent. Le système nerveux sympathique est complémentaire et fonctionne conjointement avec le système nerveux vertébral. Quand ces sept plexus ou centres nerveux sont réveillés par des exercices secrets, le système nerveux sympathique et le système nerveux vertébral sont unis, et de ce fait, l'inconscient et le conscient sont aussi unis. Cette union produit de grandes transformations au sein de l'organisme humain et en conséquence elle lui accorde beaucoup de connaissances et d'énormes pouvoirs.

En d'autres termes, ces centres nerveux ou plexus sont spécifiquement en rapport avec plusieurs régions du corps physique, qui aussi correspond à des centres similaires dans l'univers. Quand chaque centre d'énergie est complètement réveillé, cette activité apportera des forces particulières qui seront assimilées et transformeront la conscience humaine en Conscience Cosmique. Lorsque tous les centres fonctionnent normalement et l'homme a équilibré toutes les forces spirituelles en lui-même, il devient il devient un être nouveau. Et, comme Hénoch, Elie et Jésus, c'est ainsi, que nous pouvons compléter le Grand Œuvre.

A travers les méditations décrites dans ce livre, les initiés peuvent stimuler les plexus nerveux, et de ce fait, atteindre l'union avec le Mental Universel. Mais, ce processus ne peut pas être précipité, mais les méthodes recommandées ici sont simples, sûrs et efficaces.

Si mes lecteurs appliquent fidèlement les principes et les méthodes que j'ai décrit dans ce livre, je sais pour certain, qu'ils progresseront peu à peu vers la conquête de cette Lumière Ineffable, à laquelle aspire tous les initiés. Tout au long de ce livre, j'ai essayé de donner à mes lecteurs une compréhension de ce que l'on entend par le terme « Kabbale.» À présent, j'espère qu'ils ont compris que ce terme désigne une méthode de pensée, une interprétation de la Torah, et une explication du monde, de l'univers, de Dieu, et les rapports entre eux.

Avec la pratique, l'initié ne s'identifie plus avec le corps physique, mais plutôt il regardera l'univers entier comme son corps physique. De même, il ne se regardera plus comme une entité séparée ou comme un aspect individualisé du Créateur. Mais, plutôt il viendra à la perception ou réalisation directe, qu'il est en réalité inséparable avec le Mental Universel, le Créateur. Ainsi, l'ignorance ou l'incompréhension provoque l'illusion de séparation, alors que, la connaissance de soi engendre l'union avec le Créateur.

Il est écrit dans la Torah : Amalek vint combattre Israël à Rephidim. Alors Moïse dit à Josué: Choisis-nous des hommes, sors, et combats Amalek; demain je me tiendrai sur le sommet de la colline, la verge de Dieu dans ma main. Josué fit ce que lui avait dit Moïse, pour combattre Amalek. Et Moïse, Aaron et Hur montèrent au sommet de la colline. Lorsque Moïse élevait sa main, Israël était le plus fort; et lorsqu'il baissait sa main, Amalek était le plus fort. Les mains de Moïse étant fatiguées, ils prirent une pierre qu'ils placèrent sous lui, et il s'assit dessus. Aaron et Hur soutenaient ses mains, l'un d'un côté, l'autre de l'autre côté; et ses mains restèrent fermes jusqu'au coucher du soleil. Et Josué vainquit Amalek et son peuple, au tranchant de l'épée. Exode 17 : 8-13.

Ces vers peuvent être interprétés dans de diverses façons différentes. Mais, la signification évidente est que toutes les fois que nous essayons d'accomplir un but spécifique, nous devons faire deux choses simultanément. Donc, nous avons besoin d'implémenter un plan d'action effectif pour réaliser le but désiré. De plus, nous avons besoin d'acquérir des mérites spirituels à travers plusieurs usages occultes afin de compenser pour toutes les dettes karmiques, neutraliser les obstacles ou les forces opposantes, et faciliter en même temps des résultats satisfaisants.

La Kabbale Pratique révèle des méthodes par lesquelles le kabbaliste peut utiliser des pouvoirs spirituels, non seulement pour son propre avantage, mais aussi pour le bien de l'humanité. Un kabbaliste a un but double. Il doit d'un côté, accomplir ses propres désirs personnels, tels que son développement intellectuel et son bien-être physique, et aussi l'acquisition de la perfection. Il doit en revanche, accomplir aussi ce que les grands maîtres ésotériques appellent le grand objectif, c'est à dire la promotion de la liberté, la paix, la prospérité, et la justice dans le monde. En un mot, le bien-être de l'humanité. En réalité, il devrait être un homme d'action.

Un Kabbaliste doit avoir une compréhension ésotérique du Torah et de Ses Lois Divines. Les Principes Cosmiques ou Lois Divines ont un but double, à savoir, ils révèlent :(1) le rapport de l'homme avec les Forces Spirituelles; et (2) le rapport de l'homme avec son prochain. En aimant, en priant et en louant le Créateur, il devient plus facile pour les êtres humains de suivre toutes les autres Lois Divines, et simultanément, d'harmoniser leurs intellects avec le Mental Universel pour recevoir l'inspiration, la prophétie et le conseil spirituel.

Donc, la prière, les rituels, les invocations et la méditation ne sont pas des méthodes employées simplement pour glorifier les Hiérarchies Spirituelles. En fait, ce sont des procédés qui nous permettent d'accumuler des mérites spirituels, de devenir un vaisseau ou un instrument pour l'Énergie Primordiale de l'Univers, et aussi pour accélérer notre propre évolution. De la même façon, en suivant certains principes philosophiques et morales, nous accordons naturellement à notre existence la possibilité d'attirer sur nous les plus Hautes Forces Spirituelles.

L'homme possède le libre arbitre, et il peut choisir de violer ou de vivre en harmonie avec les Lois Divines. Donc, il développe son karma conformément à la façon qu'il a choisit de vivre. S'il choisit de vivre dans l'harmonie avec les Lois Divines, les réactions de ses propres actions lui bénéficieront grandement. En revanche, s'il choisit de violer les principes cosmiques, les réactions de ses actions mauvaises provoqueront non seulement la souffrance et la misère, mais aussi, la décadence spirituelle.

Tous les grands penseurs et les maîtres passés ont essayé de répondre à cette question: Pourquoi le Mental Universel a du crée l'univers? La plupart d'entre eux ont consenti que l'Esprit Divin Infini n'ait rien à gagner par ce processus, parce qu'Il est déjà parfait et éternel.

En outre, d'autres penseurs ont aussi consenti que le Créateur ne puisse pas être contraint pour agir. Si le Créateur avait été obligé de créer, à cause de sa propre nature inhérente, alors, cette impulsion qui l'a forcé de créer serait alors l'Absolu. Donc, c'est illogique de dire que le Créateur a été obligé de créer à cause d'un désir d'aimer ou d'être aimé par ces créatures. Ou, à cause d'un désir intrinsèque de manifester son pouvoir, ou à cause de solitude, ou simplement pour plaisir ou amusement. Indépendamment, toutes ces explications ont des déformations.

En fait, l'un des enseignements essentiels de la Kabbale Pratique est l'accentuation sur le fait que le Créateur a manifesté uniquement l'univers, à cause d'un désir inné pour donner à l'humanité sa propre perfection. La réponse concernant le but et la raison d'être de la création, se trouve dans le Sefirah Keter ou le Mental Universel, parce ce qu'il est la totalité de tout. Donc, la réponse est au-delà de notre compréhension intellectuelle. Et, nous sommes défendus, d'étudier l'Essence d'Eyn-Sof et du Sefirah Keter.

Comme nous avons déjà dit dans l'introduction, chacun de nous est une flamme divine, et nous sommes tous des fils ou filles du créateur. L'âme est déjà parfaite et immortelle, parce ce qu'elle est une partie individualisée du Mental Universel. Donc, quand nous disons que le but de la vie humaine est l'acquisition de la perfection, nous parlons de la perfection de notre corps physique. Comme l'Apôtre Paul a dit, ce corps physique doit être spiritualisé, et transformé en un corps spirituel indestructible.

Le corps physique a été créé dans une telle façon afin de devenir un vaisseau, une place d'habitation pour une entité spirituelle. Donc, chacun de nous doit travailler à transformer la nature animale et égocentrique du corps physique, afin que l'âme puisse manifester complètement sa propre perfection à travers la matière.

C'est ainsi que le Créateur donne son Fils Unique, sa propre perfection à l'humanité. Du point de vue macrocosmique, ce terme dénote le Sephirah Keter, qui est le Mental Universel ; mais, du point de vue microcosmique, il représente le subconscient, parce que nous sommes tous des flammes de la Grande Conscience Cosmique. Toutes les caractéristiques du corps doivent complètement être subjuguées. Donc, toutes les passions et émotions négatives doivent être complètement transformées. Et, comme il est écrit dans le catéchisme des francs-maçons: "nous devons tresser des couronnes pour la vertu, et forger des chaînes pour le vice."

Toute la création est sacrée, parce ce qu'elle est une manifestation de l'Energie Primordiale de l'Univers. Mais, à cause de son origine sacrée, ça ne veut pas dire qu'il n'y a aucune distinction entre le bien et le mal. Le point de vue ultime, absolu ou transcendantal est que tout l'Univers est une manifestions du Mental Universel. Par conséquent, tous les phénomènes sont sacrés et identiques. Donc, de ce point de vue, c'est compréhensible pourquoi les Forces ou Entités Spirituelles, ainsi que les Lois Cosmiques qui sont toutes les agents du Créateur traitent tous les mondes et tous les êtres également.

Dans, le Mental Universel du Créateur, tout l'Univers est vu justement comme des formes pensées. C'est peut être la façon du Mental Cosmique de regarder sa propre création. Cependant, les êtres humains sont des créatures, et ils vivent dans une existence relative. Donc, nous devons maintenir un point de vue très limité qui est consistent avec notre perception de l'univers.

En général, les kabbalistes sont protégés naturellement contre les forces maléfiques. Mais, dans des cas très rares, il paraît qu'à travers la consistance, les attaques des magiciens noirs les atteignent d'une façon ou d'une autre. Donc, nous conseillons aux kabbalistes de faire l'usage de l'autosuggestion, et qu'ils emploient aussi leur imagination pour se défendre psychiquement. Cela est accompli principalement en visualisant autour de soi, une barrière psychique, un cercle protecteur formé d'une lumière blanche brillante. Par cette méthode, ils peuvent neutraliser toutes les attaques psychiques.

Il est essentiel que les kabbalistes se souviennent que les magiciens noirs ne sont pas très avancés spirituellement, et que leurs pouvoirs sont très limités. Mais, la meilleure méthode contre toutes les attaques psychiques c'est de continuellement répéter mentalement des Noms Divins, et de vivre en harmonie avec la Loi Divine.

Chacun des Noms Divins est associé avec un Sefirah particulier. Donc, en utilisant ces Noms Divins, nous établissons naturellement un lien direct avec les Sefirot et les Etres de Lumière, et ainsi nous sommes capables de faire descendre les énergies spirituelles dans ce monde, et sur nous-mêmes. Les Noms Divins sont des vaisseaux. Et, c'est à travers l'agence de ces Noms Divins que nous sommes capables de canaliser et diriger les courants de l'énergie spirituelle dans le plan physique pour nous protéger ; mais aussi, pour accomplir tout ce que nous désirons si nous avons assez de mérites spirituels.

Le terme Kabbale Pratique est simplement un autre nom pour la Magie Blanche. Cependant, bien que beaucoup de disciplines font l'usage des rituels, et que leurs processus semblent presque identiques à ceux de la Sorcellerie, mais, elles ne sont pas la même chose, et, nous ne devrions jamais les confondre avec la sorcellerie.

Pour conclure, souvenez-vous que nous sommes tous des créateurs. Cependant, nous devons porter toujours dans l'esprit que tout doit être d'abord crée dans le monde invisible ou astral. Et ensuite, à travers l'agence de la parole, la forme pensée se manifestera sur le plan physique ou matériel. En d'autres termes, nous devons créer mentalement et par l'usage adéquat du mot parlé.

La Kabbale Pratique est une connaissance, et elle n'est pas bonne ou mauvaise. C'est une méthode qui nous permet de modifier les manifestations. Et, comme nous avons le libre arbitre, nous pouvons faire comme nous désirons, mais nous ne pouvons pas nous échapper de l'implication de la Loi de Causalité. Donc, soyez prudent.

Que la paix soit avec vous !

www.ingramcontent.com/pod-product-compliance
Lightning Source LLC
Chambersburg PA
CBHW060337100426
42812CB00003B/1025